Nika S. Daveron

Arschlochpferd -
Allein unter Reitern

W0064651

DAS BUCH

Tausende von Likes hat die Social Media-Seite vom Arschlochpferd, die augenzwinkernd die Online- und Offline-Gemeinschaft der Reiterinnen und Reiter beleuchtet – dieses Buch präsentiert das Phänomen in gedruckter Form mit komplett neuen, witzigen und auch herrlich bissigen Beiträgen. Denn heutzutage ist es mit Reitstunden und Boxenmisten längst nicht mehr getan. Inzwischen scheint es so, dass die gemeinen Reiterinnen und Reiter mehr damit beschäftigt sind, sich selbst in den sozialen Netzwerken zu präsentieren und dort vor allem mit Nicht- und Fehlwissen zu glänzen und zu amüsieren.

Begeben Sie sich mit diesem Buch auf eine Reise durch die Untiefen des reiterlichen Internets. Von einer Frau, die auszog, um auf ihrem Arschlochpferd vollendete Dressurreiterin, vollblütige Westernreiterin und Pferdeflüstererin in einem zu werden – und am Ende auf die Nase fiel. Nicht nur dank Facebook.

DIE AUTORIN

Nika S. Daveron kann – anders als auf den in diesem Buch gezeigten Bildern – auch anständig reiten. Trotz Reitabzeichen versaute ihr ihre ausgeprägte Wespenphobie leider die Karriere als Springreiterin. So stieg sie beruflich auf Rennpferde um – haben diese doch den Vorteil, einfach schneller als Wespen zu sein. Die Arbeit gefiel ihr letztendlich so gut, dass sie sich einen Galopper mit nach Hause genommen hat.

Nika S. Daveron

ARSCHLOCHPFERD -
ALLEIN UNTER REITERN

Sachbuch

Originalveröffentlichung

© 2016 in Farbe und Bunt

in Farbe und Bunt Verlags-UG (haftungsbeschränkt)
Kruppstraße 82 - 100
45145 Essen

www.ifub-verlag.de

3. Auflage

Cover-Gestaltung: Hestia van Roest, Stefanie Kurt
Logo-Illustration Arschlochpferd: Lena, Anne und Bernhard Lindermayr
Cover-Bild und Fototeil: Morwen Fotografie
Satz: Winfried Brand
verantwortlicher Redakteur und Lektorat: Bettina Petrik
Korrektorat: Telma Vahey

Print-Ausgabe gedruckt von:
Printing House Multiprint ltd.,
10A Slavyanska Str.,
BG-2230 Kostinbrod

ISBN 978-3-95936-033-3 (Taschenbuch)
978-3-95936-034-0 (E-Book)
978-3-95936-035-7 (Audiobuch)

Arschlochpferd -
Allein unter Reitern

WIDMUNG

Für alle Reiter, die wissen, dass »Schibbi-Schabbi« niemals Einzug in den Duden halten wird.

Für alle Reiter, die vor lauter »Vertrauen«, »Auf Papieren kann man nicht reiten« und »Neid« nicht wissen, ob sie heutzutage die einzigen denkenden Wesen sind.

Und für alle Reiter, die wissen, dass Pferde auch manchmal Arschlöcher sein können.

DANKSAGUNG

Besonderer Dank geht an Hannah für die großartigen Bilder und
die viele Zeit, die sie mir und dem Arschlochpferd geopfert hat.
Und ich danke Annika, der Einhornbesitzerin,
deren Einhorn nicht nur das weltliebste Einhorn war,
sondern auch definitiv das am besten aussehende ist.
Und zu guter Letzt: Danke an alle Arschlochpferd-Fans.
Ohne euch gäbe es dieses Buch nicht. Ihr seid schweinegeil.

INHALTSVERZEICHNIS

Vorwort

Liebe Reiter – und solche, die es werden wollen. Ihr habt ein wirklich tolles Hobby. Aber müsst ihr es im Internet verbal so dermaßen misshandeln? Wir wissen doch alle, dass es sie damals schon gab, die Lästerschwestern an der Bande, die Profis im Reiterstübchen, die alles besser wissen und alles besser machen. Aber da war das noch lokal begrenzt. Und wer sie nicht haben wollte, der suchte sein Heil in einem eigenen Stall oder auf einer Weide hinter hohen Hecken.

Tut euch also selbst einen Gefallen: Schafft entweder das Internet ab oder lernt, darüber zu lachen. Anders ist es nicht zu ertragen.

Und die, die mit dem Gedanken spielen, sich eines dieser edlen Geschöpfe anzuschaffen: Seid gewarnt. Ihr werdet euch fortan in Kreisen bewegen, die manchmal schon sektenähnlich sind.

Ein eigenartiges Volk ist das. Manchmal sprechen sie in fremden Zungen, ständig dreht sich alles nur um eins, und keiner lacht, wenn man sagt, man hätte gerade den Schlauch mal feucht abgewischt. Merkwürdiges Volk. Was tun die eigentlich den ganzen Tag? Auf dem Pferd rumgurken und nett in die Kamera grinsen, wenn man *Facebook* und den gängigen Reitforen Glauben schenken darf?

Nein. Sie streiten. Und zwar um *jeden* kleinen Pups. Eigentlich wird mehr gestritten als auf dem Pferd gesessen. Glaubt ihr mir nicht? Dann dürft ihr mich heute einmal auf meinen Streifzügen durch das World Wide Web begleiten, an jene Orte, wo man diese Menschen findet. Wir begegnen hier den Ökotanten, den Jüngern, den Anti-Rollkur-Menschen, den PETA-Hörigen, den Veganern, den Zylindertussis, den Cowgirls, den Galoppexperten und natürlich den Tierkommunikatoren.

Und all diese Leute wollen nur eins: euch zerfleischen!

Eure Reitweise ist falsch, euer Reitunterricht schlecht, euer Outfit hässlich, euer Pferd krank und unglücklich, außerdem falsch bemuskelt, und am Ende seid ihr schuld, wenn das arme Tier bald zum Abdecker geht.

Wie ihr es schafft, dass ihr bei diesem Wahnsinn entweder mitmischt oder aber ordentlich darüber lachen könnt, das verrate ich euch in diesem nicht ganz ernst gemeinten Ratgeber Kapitel für Kapitel.

Übrigens: Sämtliche in diesem Buch aufgeführten Postings auf diversen Sozialen Netzwerken sind frei erfunden – was nicht heißt, dass Ergüsse dieser Art nicht zuhauf tatsächlich existieren …

In diesem Sinne: Begleitet mit mir eine fiktive Reiterin bei ihrem allerersten Pferdekauf.

Kapitel 1:
Pferdekauf im Internet

Früher oder später entschließt sich der gemeine Reiter dazu, dass die Reitschulpferde ihm nicht reichen und dass er auch nicht die zwanzigste ausgenutzte Reitbeteiligung sein will. Doch um das zu ändern, braucht er eins: ein eigenes Pferd.

Das könnte er natürlich ganz klassisch beim Züchter kaufen. Aber da sind die ja immer so unverschämt teuer. Und man will ja auch »nur« ein nettes Freizeitpferd. Das braucht keine Papiere. Ach, das braucht nicht mal ein vernünftiges Exterieur! Das soll nur nett sein. Jung. Und vielleicht mal auf einem kleinen Turnier den Reiter gut dastehen lassen. Vorzugsweise in einer M-Dressur. Was Kleines eben. Kennt man ja.

Vielleicht noch ein paar Sprünge. Aber nur L. Nichts Hohes natürlich. Und gesund muss das Pferd sein!

Im Internet gibt es sie zuhauf, die eierlegenden Wollmilchsäue. Und dann sind die auch noch *so* billig. Super, oder? Da kann sich ein Reiter gar nicht sattsehen: auf verwackelten Fotos mit grausiger Rechtschreibung angepriesene Pferde, eins schöner als das andere, die vermutlich bald ihren letzten Atemzug tun. Aber das sieht man ja nicht. Man sieht meist nur ein nettes Näschen, denn Ganzkörperfotos werden offenbar überbewertet. Wer möchte das Pferd denn schon am Stück betrachten? Ein bisschen Huf, ein bisschen Schweif, der Rest wird der Phantasie überlassen.

Dazu gibt es noch diverse Codes, die man ständig in Pferdeanzeigen liest, denn auch Reiter schreiben, ähnlich wie Personalchefs, versteckte Botschaften in ihre Anzeigen. Durch diese steigen nur echt gewiefte Profis im Pferdekauf durch, aber mit einem erfahrenen Helfer an seiner Seite kann man diese auch entschlüsseln – sofern er sich ein bisschen auskennt.

Beispiel gefällig?

»Pferd hat Charakter«	Pferd hat einen miserablen Charakter, der beinhaltet, dass es einem künftig auf der Nase herumtanzen wird.

»Lieb, aber kein Anfängerpferd«	Nicht lieb und *garantiert* kein Anfängerpferd. Eher ein Problemfall.
»Hat keinerlei Unarten«	Außer betteln, beißen, schnappen, zicken, buckeln und weben. Aber es koppt immerhin nicht und steigt auch nicht. Das ist doch schon mal was!
»Dominantes Pferd«	Pferd hat keinerlei Erziehung genossen und lebt das voll aus.
»Echter Eyecatcher«	Aber nur mit der richtigen »Schibbi-Schabbi« (dazu kommen wir später).
»Sonderlack«	Wenn man genau hinsieht, erkennt man im Abendlicht – allerdings nur im August – dass das Pferd ein wenig heller als ein normaler Brauner ist.
»Robusthaltung gewohnt«	Pferd steht im Matschloch und möchte dort auch bleiben.
»Platz vor Preis«	»Preis vor Platz« wohl eher. Wen interessiert schon der verdammte Platz, wenn die Kohle stimmt?
»Kinderpony«	Pferd ist zu klein für ein handelsübliches Kind.
»Kein Gewichtsträger«	Alles über Jockey-Gewicht ist zu schwer.
»Gewichtsträger«	Pferd ist fett und kann daher auch dicke Reiter tragen.
»Angeritten«	Das angepriesene Tier stand neben einem Pferd, das schon mal geritten wurde, und hat sich was abgeguckt.
»Braucht viel Beschäftigung«	Pferd fängt sonst an, Lambada zu tanzen.
»Klug«	Dieses Pferd kann alles öffnen und alles fressen.
»Erstklassige Abstammung, daher zur Zucht interessant«	Besonders wichtig beim Wallach.
»Abstammung auf Anfrage«	Abstammung wird auf Anfrage als »Nicht bekannt« betitelt.

»Mix«	»Wir hatten kein Geld für richtige Zucht, aber der Nachbar hatte einen Hengst und wir eine Stute.«
»Möchte gefordert werden«	... und wird wegen Überforderung abgegeben.
»Aus Zeitmangel nicht gefördert«	Pferds Terminkalender ist mit dem der Besitzerin kollidiert.
»Geritten und gefahren«	... mit Rollschuhen. Huiii!
»Sensibel«	Pferd hört Hasen husten und Fliegen pupsen. Und nimmt beides zum Anlass, um unkontrolliert loszurennen.
»Verlasspferd«	Wer sich drauf verlässt, ist verlassen.
»Westernpferd«	Pferd ist bunt, muss also ein Westernpferd sein.
»Leichtes Handicap«	Linkes Vorderbein fehlt.
»Schönheitsfehler«	Pferd sieht aus wie der Hustinettenbär kurz vor dem Exitus.
»Leichter Schönheitsfehler«	Sieht man nicht, aber stört trotzdem.
»Wird gerade aufgrund von Zeitmangel nicht gearbeitet«	... und davor auch nicht. Und *davor* noch weniger. Und davor ...
»Edel«	Der Anzeigentext sah so leer aus, der Verfasser musste ihn mit irgendwelchen Adjektiven füllen.
»Menschenbezogen«	Pferd rennt nicht ganz so schnell weg, wenn man auf die Weide kommt.
»Schwerfuttrig«	Wäsche kann zum Trocknen an den Hüftknochen aufgehängt werden.
»Leichtfuttrig«	Abschüssiger Stall bevorzugt, Pferd kann nämlich die Beine anziehen und einfach losrollen.
»Hoch im Blut stehender Typ«	Das klingt auch nur für Reiter nicht unanständig.
»Hoher Vollblutanteil«	Pferd läuft bei jeder passenden und unpassenden Gelegenheit schnell. Sehr schnell.

»Beistellpferd«	Der Besitzer hat keinen Bock mehr, den kranken/alten Gaul durchzufüttern. Gib ihm dein Geld!
»Kann mit Zubehör erworben werden«	Das Zeug passt zwar nicht, aber es kostet!
»Kontaktaufnahme nur per SMS, *WhatsApp*«	Denn der Verkäufer weiß nicht mehr, wie man verbal mit jemandem kommuniziert.
»Tausche auch gegen netten ...« – hier beliebiges Pferd einsetzen, das die Verkäuferin gerne hätte	»Tausche 2.000 Jahre altes Shetty, das noch die Geburt von Jesus persönlich miterlebt hat, gegen unverbrauchten schicken Friesenhengst. Nicht älter als fünf Jahre.«
»Hervorragende Grundgangarten«	... die der Verkäufer aber bloß nicht in der Anzeige zeigt. Hö-hö!

Nun, jetzt, da sie die geheimen Kürzel kennt, kann unsere imaginäre Neu-Pferdebesitzerin in spe ja loslegen. Laptop an, ab aufs Sofa, Pferdebörse aufrufen und lossurfen!

Eine schwarze Nase grinst sie prompt an. Und darunter steht ein toller Text:

»Verkauhvä Fährt. Heißt Beppo! Nur in gute Hände. Mutter Traber Fata Schetландpohnie. Ist E Nivou geritten aber kann auch D. 5.000 Euro! Meine Tochta kann ihn nicht mea raiten wail er manchmal steikt!!!!! Sonst aba ganz lip!«

Orthographie und Interpunktion: Fehlanzeige. Aber den Preis, den können sie wieder alle richtig schreiben. Was ist das nun für ein Traumpferd? Ein steigendes Pferd, das irgendwie sehr ungesund dasteht und Potenzial bis »D« hat? Klar. Wenn jetzt nur jemand wüsste, was D eigentlich ist. Also nein, das schreckt selbst das verliebteste Reiterlein ab, einen Steiger will man dann doch nicht.

Es bleiben ja auch nur noch 200.000 andere Pferde, die garantiert gerne in den hübschen neuen Boxenkomplex des hiesigen Reitstalls einziehen wollen.

»Verkaufe 8-jährige Zuchtstute. Echter Hingucker in Sonderfarbe. Hatte mal einen Sattel drauf, war ganz lieb. Hatte drei Fohlen.

Keine Papiere. Ekzemer. Vermutlich Isimix. Kann mit Wintec Sattel erworben werden. 6.000 Euro.«

Die »Sonderfarbe« ist in Wahrheit ein ziemlich ödes Braun mit Tendenz zu Kackbraun, aber das Tier guckt nett. Unbemuskelt, Hängebauch. Aber die guckt doch soo nett!

Die Neu-Pferdebesitzerin behält sie auf jeden Fall im Hinterkopf. Da kann man schöne Fohlen draus ziehen – mit Exzem, doch wen interessiert das schon, wenn der Zosse so nett schaut?

Man soll jedoch immer zuerst vergleichen, und schnell hat die Reiterin die nächste interessante Anzeige gefunden:

»Verkaufe nettes Pony mit vollem Papier. Sicher in A und L Dressur, volle Papiere vom Verband, 1er TÜV, sehr schöne Gänge. Preis auf Anfrage!«

Das Ganze wird ansprechend mit Fotos und Videos garniert, auf denen man tatsächlich mal mehr als nur ein Bein oder ein Auge erkennen kann.

Doch bei solchen Sachen klickt die Reiterin weiter. »Preis auf Anfrage«, das klingt doch viel zu teuer. Teuer ist nichts für sie.

Lieber schnell die nächste Anzeige prüfen:

»Supa süßßa Schecke. Grad angerieten. Ganz lip, kennt Horsemanschipp und gebisslos. Voll schöne Scheckung. Könnte Paint sein. Keine Papiere. 1500 Euro!«

Bei Sonderfarben setzt das Reiterhirn gern aus, denn es schaltet sofort in den: »Muss ich haben!«-Modus. Das Pferd kommt in jedem Fall auf die Liste. Gesundheit? Idiotensicher? Unsinn, das Vieh ist bunt!

Und dann findet sich irgendwo in den Angeboten garantiert noch der traurige Sonderfall, der das gemeine Reiterherz erweichen soll. Und er tut es natürlich auch.

»Habe Shadow vor dem Schlachter gerettet, wo ihn seine bösen Besitzer hingegeben haben, als er zu langsam für die Rennbahn wurde. Shadow ist krank und braucht Medikamente. Reiten kann man ihn vielleicht, wenn er wieder gesund ist.«

Nee, also ein krankes Pferd möchte man dann doch nicht, auch wenn schon ein paar Tränchen vergossen wurden wegen Shadows trauriger Lebensgeschichte. Doch die Vernunft siegt, die Reiterin klickt die Anzeige lieber schnell zu. Medikamente klingen nämlich teuer. Nein, danke.

Aber welches Pferd nimmt sie nun? So völlig ratlos? Jemanden vom Fach fragen? Nein, ach, das muss nicht sein. Ene, mene, mu? Nein, auch blöd. Ah, die Reiterin hat's: Sie geht in einer Pferdegruppe auf *Facebook* fragen.

Dort werden die herausgesuchten Annoncen fein säuberlich gelistet und nach der Massenmeinung gefragt. Die lässt schließlich nie lange auf sich warten, und man kann sie auch mal auf dem Klo checken, zwischen Arbeit und Beautykur.

Aber zunächst kommen da ganz komische Kommentare. Man möchte unserer Reiterin beispielsweise einen völlig überteuerten Gaul andrehen. L-platziert, jung, schnittig, gesund, TÜV, und das für 8.000 Euro!

»Beschiss!«, rufen da die ersten, und das Reiterlein auf dem Pott natürlich auch. 8.000 Euro? Reiner Wucher.

Der entnervte Verkäufer rollt mit den Augen und trollt sich. Warum jemandem erklären, dass Pferdeaufzucht Geld kostet?

Nachdem man sich gerade virtuell auf ein Pferd in Sonderfarbe geeinigt hat (das mit den Punkten), schneit aber noch eine äußerst seriöse Verkäuferin in die *Facebook*-Gruppe, die Folgendes zu sagen hat:

»Biete wunderschöne Schimmel-Araberstute für kleines Geld. Nur in allerbeste Hände. Hat eine Warze, die sie aber nicht beeinträchtigt, aber weil es hässlich ist, deutlich unter Wert. Hatte mal einen Sattel drauf und war brav. Nicht richtig angeritten. 2.000 Euro.«

Im Reiterhirn brennt die Sicherung durch. Ein Schimmel. Araber … oder so was. Mit Wallemähne. Weiß. Lang. Und das am Kopf … Das ist kein Pickel, das ist ein *Einhorn*!

Gekauft. Ungesehen!

KAPITEL 2:
DAS EINHORN ZIEHT EIN
... ABER WO EIGENTLICH?

Da hat unsere Reiterin nun den Salat, überstürzt ein Pferd gekauft, das sie Ende der Woche abholen muss. Und dabei hat man sich noch gar nicht wirklich mit einem Stall auseinandergesetzt. Im Internet lernt man nämlich schnell: Der muss auch zu den eigenen Präferenzen passen, denn wenn man ein Turnierreiter ist, hat man gefälligst auch einen Stall mit Boxen zu nehmen. Vielleicht noch Paddockboxen, mehr aber auch nicht.

Allerdings ist das tierquälerisch, denn wie wir im Internet ebenfalls lernen, braucht man einen Offenstall, und alles, was der Reiter sich wünscht, ist purer Egoismus. Am besten ist so ein Aktivstall, da wird das Pferd selbst aktiv und muss kaum noch trainiert werden, es baut ganz von selbst Muskeln auf.

Vielleicht gar nicht so schlecht.

Das neue Heim muss man sich dennoch erst in der Praxis anschauen (ganz im Gegensatz zum Pferd natürlich), und so kommt das Reiterlein ziemlich in der Weltgeschichte herum.

Am ersten Hof angekommen, sieht es gleich, was hier nicht stimmt. Da stehen so viele Pferde auf den Weiden. Werden die alle nicht geritten? Das ist ja komisch.

Prompt wird die Stallbesitzerin dazu interviewt. Die guckt komisch, als sie unserer Reiterin erklärt, dass es hier Sommerweiden gibt und die Pferde im Sommer ganztägig draußen sind.

Des Rätsels Lösung ist ja wirklich einfach. Und dann gibt es noch eine hübsche Halle, einen Longierzirkel, Reitunterricht vor Ort und ein paar andere Annehmlichkeiten wie das Reiterstübchen. Aber das alles kostet natürlich auch. 300 Euro im Monat möchte man unserer künftigen Einhornreiterin abknöpfen.

Sie beschließt, sich das noch einmal durch den Kopf gehen zu lassen. So teuer ist Pferdehaltung? Klang bei *Facebook* noch ganz anders.

Einen Tag später steht sie im dorfeigenen Offenstall auf der Matte. Da begrüßt einen allerdings keiner, denn es ist niemand da. Das gibt unserem Reiterlein allerdings die Chance, sich mal ungestört umzusehen.

Eine Bretterbude, ein Matschplatz, irgendwo am Horizont Pferde. Könnten auch umgefallene Baumstämme sein. Das ist Freiheit! Die kann man sogar riechen. Oder ist das der Misthaufen, der schon seit Monaten nicht weggeräumt wurde?

Jemand kommt. Ökolatschen, Schlabberpulli, Kippchen und drei Hunde. Schimpft sich Stallbesitzerin.

»Hallo, ich bin die SCHANINN!« Sagt sie auch genau *so*.

Unser Reiterlein schüttelt artig die Hand und stellt sich vor.

»Und was hast du so für ein Pferd?«

»Ein Einhorn.«

Die Schaninn fragt nicht nach. Weiß ja auch jeder, wie Einhörner aussehen, was soll man da groß erklären?

Sie stellt ihren Stall vor, der aus einem Container, einem Anbindebalken und der Matschepampe mit Pferde-Dekoration dahinter besteht. Und der Papphütte.

»Ja, siehste ja, wie das alles hier ist. Reitplatz ham wa nich. Brauch man ja auch nich, weil wir reiten ja nur Freizeit hier. Ist dein Pferd lieb?«

»Ja.« Hallo? Es ist ein Einhorn!

»Gut. Kann man da auch mal Kinder drauflassen?«

»Es ist noch nicht eingeritten.«

Schaninn bekommt leuchtende Augen. »Ja, dabei kann ich dir helfen. Weil, ich hab mein Pferd auch selbst eingeritten, und das ist ein suuuper Verlasspferd geworden. Wir haben auch Westernreita hier!«

Unser Reiterlein ist froh – toll! Dafür hätte man in diesem Wucherstall zahlen müssen. Und dann noch diese ominöse Sommerweide, die kein Mensch im Internet erwähnt hat.

»Was kostet es denn hier?«, wird verschüchtert gefragt.

»Ja, also, der Stall an sich kostet 160 Euro. Dann Heu 90 Euro, und Futter musst du selber kaufen.« Schaninn ist nämlich nicht nur Stallbesitzerin, sondern auch Geschäftsfrau.

Klingt nach einem Schnäppchen. Aber bei *Facebook* haben die auch gesagt, man solle sich mehrere Ställe ansehen.

Das tut das Reiterlein dann auch. Es gibt ja noch einen Stall im Ort.

Der ist nobel und aufgeräumt, lange Boxengassen, zwei Hallen, ein Solarium, ein Aquatrainer, eine Führmaschine, drei Longierhallen und eine gekieste Auffahrt. Weide? Ja, haben sie auch. Hinter den Ställen irgendwo, so sagen die Legenden. Aber auf die Weide kommt hier ja kaum ein Pferd. Es ist ein Sportstall.

Der Reitanlagen-Besitzer betont das sehr merkwürdig und schaut unser Reiterlein dabei fragend an. Er möchte natürlich herausfinden, welcher sportlichen Disziplin die potenzielle Neukundin angehört. Da weder eine der typischen Reitermarken am Leib noch ein Spring- oder Dressursattel unter dem Arm zu sehen ist, kann er das nicht wirklich definieren. Und verliert auch sehr schnell das Interesse an der Einhornreiterin. Aber der Stallbursche kann sie ja mal rumführen.

Das tut dieser, unter Protest und mit schlechten Deutschkenntnissen, sodass unsere Einhornreiterin ziemlich verwirrt hin und her gescheucht wird und am Ende knapp hundert Pferde besucht hat. Aber wie es im Knast so üblich ist, ohne Begleitung geht gar nichts.

Und in die Reithalle kann man gerade auch nicht, da ist Training. Nur für ausgewählte Reiter. Besondere! Dabei leuchten die Augen des Stallburschen.

Unser Reiterlein winkt ab, sie hat genug gesehen. Das ist er also: der berüchtigte Boxenknast. Und da soll ein Einhorn leben? Dem fällt ja der ganze Glitzer aus dem Fell!

Den Stall wird sie lieber schnell vergessen. Vielleicht noch mal auf *Facebook* die lieben Mitreiter warnen? Diese Machenschaften sollte mal jemand aufdecken!

Na, vielleicht morgen. Heute geht's ja noch zum letzten Stall auf der Liste. Ein Westernstall. Vom Westernreiten weiß unser Reiterlein noch nicht so viel. Die haben da große Sättel und Pferde, die wohl nicht so gut zu Fuß sind, denn die rutschen immer so. Manchmal drehen die sich auch einige Sekunden im Kreis, bevor sie loslaufen. Aber wer weiß schon, ob das Einhorn nicht vielleicht ein Westerneinhorn ist? Nein, schaden kann es nicht, sich das anzusehen.

Der Hof ist nett und hübsch, und Paddocks gibt es hier auch. Aber nur so kleine Pferde. Dafür alle sehr bunt und fusselig. Mit langer Mähne. Das gefällt unserer künftigen Einhornreiterin mächtig. Diese langweiligen Farben, die sie im Boxenknast zu sehen bekommen hat, die sind doch out. Bunt ist in.

Und auf dem Reitplatz sind sie, die berühmten selbstdrehenden Pferde. Hier dreht sich zwar gerade keiner, aber da rutscht einer. Bis zur Bande.

Unsere Einhornreiterin duckt sich panisch zur Seite, aber das tut sonst niemand der Umstehenden. Hm, ob das so sein muss?

Lächelnd begrüßt der Reitlehrer sie. Killersporen, Cowboyhut. Die Sporen lässt unser Reiterlein nicht aus den Augen. Gruselig. So einer soll an ihr Einhorn? Und ein Lasso hat der auch nicht. Dabei haben die Cowboys im Fernsehen das alle.

»Sie können in die Offenstallgruppe oder eine Paddockbox anmieten, das ist allerdings etwas teurer«, erklärt der geduldige Cowboy, brüllt dann aber plötzlich über den Platz: »*Nina!* Wie oft hab ich dir gesagt, dass du den Oberkörper hinten lassen sollst? Irgendwann fällst du aufs Maul, und dann?«

Die Einhornreiterin ist verschreckt und weiß gar nicht mehr, was er ihr da gerade angeboten hat. Offenstallbox und Paddockgruppe? Ja, doch, so war es.

Aber will man die Sachen überhaupt noch begutachten? Was ist denn das für ein Umgang hier? Und diese Sporen! Von denen kann sie sich einfach nicht abwenden.

»Wir machen hier auch gemeinsame Ausritte. Da kannst du dich für eintragen. Und fürs Grillen.«

Was hier gegrillt wird? Garantiert Einhörner. Wenn jemand schon solche Sporen trägt …

Unser Reiterlein sagt, sie wird sich melden. Der Spaß kostet auch noch 350 Euro im Monat. Das ist ja doch sehr viel. Das Einhorn war schließlich schon teuer.

Unsere Reiterin hat erst einmal genug gesehen. Sie hat jetzt die Qual der Wahl: Dieser hoch suspekte Stall, der gar nicht so war, wie man ihr alle Englisch-Ställe angepriesen hat? Ach nein, da sind bestimmt nur Tussis, und diese Sommerweide tut dem Einhorn doch gar nicht gut. Das behauptet sie jetzt einfach mal für sich.

Die Nummer von Schaninn hat sie natürlich auch noch. Da hat es ihr gefallen, das klingt nach Freiheit und totaaal pferdegerechtem Umgang.

Dieser irre Boxenknast? Nur über ihre Leiche! Das kommt ihr nicht in die Tüte! Und sie nimmt sich noch einmal fest vor, den bösen Stall bei *Facebook* morgen publik zu machen. Wäre doch gelacht. Man liest doch immer von diesen Rollkur-Reitern und solchen Sachen.

Aber auch der Westernstall: Folterwerkzeuge, soweit das Auge reicht, Pferde, die so schwach sind, dass sie über ihre eigenen Füße fallen, und ein bösartiger Reitlehrer, der herumbrüllt. Wo kommen wir denn da hin?

Nein, bei Schaninn war alles richtig. Und so wird Schaninns Nummer flugs gewählt.

Ja, das Einhorn möchte einziehen. Hurra!

KAPITEL 3:
KLANGVOLLE NAMEN,
ALPTRAUM ALLER ANSAGER

Unser Reiterlein kann zwar das Einhorn erst morgen holen, aber das Internet wird sogleich durchforstet: Man braucht schließlich noch einen Namen.

Und der muss schön sein. Schakkeline oder Schantalle reicht da nicht. Dark Rose Schakkeline vielleicht. Alles mit »Dark« scheint eine unheimliche Faszination auf Reiter auszuüben, denn es heißen gefühlt dreißigtausend Pferde in der Bundesrepublik irgendetwas mit »Dark«, »Night« oder »Shadow«. Vielleicht könnte man ja alle drei kombinieren.

Aber ach, die böse FN, die Leute von der Deutschen Reiterlichen Vereinigung, die sind einfach gemein. Die zwingen einen dazu, einen völlig individuellen Namen zu nehmen, sonst kriegt man nämlich eine blöde Nummer hinter den Namen gepappt, und die würde auch so in den Ergebnislisten stehen. Und wer will schon »Dark Shadow Night 2587« auf dem Turnier sein? Oder sogar noch so einen blöden Buchstaben dazu, wie »Dark Shadow Night 2587 B«?

Unsere Einhornreiterin jedenfalls nicht. Vielleicht nimmt sie lieber etwas, was nicht jeder hat, etwas besonders originell Geschriebenes?

Und was ist das Pferd überhaupt für ein Sternzeichen? Schnell noch mal in die Anzeige geschaut: Geboren 2005. Mist. Das gibt natürlich keine Auskunft über das Sternzeichen, und somit fällt das flach.

Vielleicht die Farbe mit reinnehmen. Es ist schließlich ein Schimmel. Aber »Schimmel« klingt eklig, und was Schimmel auf Englisch heißt, weiß unsere Einhornreiterin leider nicht. Nein, das fällt auch weg.

Schließlich fragt sie in die virtuelle *Facebook*-Runde: »Wie soll mein Pferd heißen?« Die wissen ja sonst auch immer Rat.

Und prompt wird sie mit einer komischen Frage belästigt. »Mit welchem Buchstaben muss der Name denn anfangen?«

Hä? Lieber noch mal in einer anderen Gruppe fragen, was das zu bedeuten hat. Zwei oder drei Leute haben einen guten Tag und erklären geduldig: »Das Pferd muss mit dem Anfangsbuchstaben des Vaters anfangen. Oder mit dem der Mutter. Je nach Zuchtverband.«

Oh … Die Eltern kennt unsere Einhornreiterin leider gar nicht, die wurden ihr nie persönlich vorgestellt und auch nicht in der Anzeige erwähnt.

Immerhin kann sie jetzt ein lässiges »Egal« in ihren ursprünglichen *Facebook*-Post hauen. Schnell noch ein Bild hinzufügen, mit stolz geschwellter Brust, denn dieses Einhorn ist bald ihr Einhorn.

Nach einigen Kommentaren, in denen auch von den Mitreitern das Einhorn gepriesen wird, sind nun aber wieder Namensvorschläge an der Tagesordnung.

»White Irgendwas.«

Ja, »White« ist schon mal gut. Sagt auch alles aus. Passt. »White Unicorn«? Nein, das ist zu eindeutig. White …

Eine Nutzerin schreit dazwischen: »Pearl!« Gar nicht so blöd. White Pearl – aber da muss noch mehr kommen. Nur »White Pearl« ist langweilig.

Irgendein Komiker schreibt: »White Mega Pearls Persil!«

Das wird aber schnell ignoriert. Unsere Neu-Einhornbesitzerin versteht da überhaupt keinen Spaß! Über das Einhorn wird nicht gelacht.

Der nächste Vorschlag: »White Pearl of Sunrise.«

Ob das zu lang ist? Garantiert. Aber der Rufname kann ja Pearl sein. Unsere Einhornreiterin ist dennoch unentschlossen. Der »Sunrise« ist schließlich golden, und ihr Einhorn ist eher silbern.

Da kommt prompt die Erleuchtung: »White Pearl Of Silver Moon!« Alle sind restlos begeistert, die ganzen Tussis in der Pferdegruppe klatschen virtuellen Applaus und freuen sich mit unserer Einhornreiterin zusammen über diese gelungene Namenswahl.

Und wie das erst auf einem Turnier klingen muss! Grandios. Innerlich hört die Einhornreiterin schon den tosenden Applaus der Massen, wenn sie einreitet, eine perfekte Traversale zur Einleitung, eine kleine Piaffe vor dem Richtertisch, bevor der Name laut verlesen wird: »White Pearl Of Silver Moon.«

Hoffentlich gibt es *den* noch nicht bei der FN.

KAPITEL 4:
DARWIN IST EIN ARSCHGESICHT!

Es ist nicht immer einfach, Freunde und Familie davon zu überzeugen, dass nur ein Pferd (oder eben ein Einhorn) das Menschlein sehr glücklich machen kann. Meist wird mit Unverständnis reagiert, gerade, wenn der künftige Pferdebesitzer noch jung ist. Jedem Jugendlichen sollte daher folgender Satz locker auf der Zunge liegen: »Lieber Reiten als abends vorm Penny lungern.«

Unsere Einhornreiterin hat dieses Alter zum Glück hinter sich gelassen, sie hat einen Mann, ein Kind, kurzum: ihre eigene Familie, die gar nicht erst besonders lange überzeugt werden muss. Denn das Kind liebt natürlich Ponys jetzt schon über alles, und der Mann hat es aufgegeben, seiner Frau dreinzureden. Die sind bereits geimpft.

Aber die kritischen Verwandten, allen voran die Eltern der neuen Einhornbesitzerin, die sehen das ganz anders. Ein Pferd kostet sehr viel Geld und wird ständig krank. Und was man davon hat, ist ihnen auch nicht so begreiflich.

So hat unsere Einhornreiterin folgendes unangenehme Telefongespräch mit ihrem Vater:

»Warum kannst du dir denn nicht ein Pferd mieten? Das ist doch günstiger, und das kann man auch wieder abgeben!«

»Ich möchte das Einhorn gar nicht abgeben, sondern behalten. Das ist wie ein Hund, den gibst du doch auch nicht ab. Du hast den Bommel auch nicht abgegeben.«

»Ja, aber der kostet auch nicht so viel.«

»Dann ist es eben ein teurer Hund. Und es ist ein schöner Sport. Du bist doch dafür, dass man Sport machen soll.«

»Ja, aber Reiten ist ja auch kein Sport!«

Hier schluckt unsere Einhornreiterin kurz, denn diesen Unfug kennt sie mittlerweile. Es bringt auch gar nichts, ihrem Vater das deutlich zu machen.

»Für Emma ist das auch gut, ein Tier zu haben. Da kann sie Verantwortung lernen.«

»Emma ist 2, was soll sie mit einem Pferd?«

»Einhorn!«

»Was?«

»Egal.«

»Hast du mal drüber nachgedacht, woher du das Geld nimmst? Pferde sind ja immer krank.«

»Ich habe mir das schon gut überlegt. Und versichern kann man die auch.«

»Wo denn?«

»Na, bei einer Versicherung.«

»So ein Unsinn! Das gibt es doch gar nicht.«

»Doch, klar gibt es das. Auch bei den ganz normalen Versicherungen. Bist du nicht bei der Allianz?«

»Ja.«

»Siehst du, die versichern auch Pferde. Oder Hunde. Der Bommel ist auch versichert.«

»Das hat deine Mutter gemacht.«

Die Einhornreiterin seufzt tief und holt noch einmal Luft. »Schau mal, ich möchte gerne mein eigenes Einhorn. Ich will nicht immer nur auf den Reitschulpferden reiten, da komme ich nie weiter. Und ich möchte einfach eine nette Zeit haben und einem schönen Tier ein Zuhause geben, das es vielleicht woanders nicht bekommt.«

»Hast du dir etwa eins vom Tierschutz geholt?«

»Nein, aber …«

»Das stirbt doch direkt. Weißt du noch, bei Tante Ute? Die hat auch den bescheuerten Straßenhund geholt. Wie alt ist der geworden? Drei?«

»Ja, aber …«

»Und Pferde kosten ja auch richtig viel, wenn die krank sind. Was machst du dann?«

Hier legt unsere Einhornreiterin den Hörer auf. Weil man das Gespräch sonst ab der Mitte neu anfängt. Es ist einfach nicht erklärbar, wenn jemand nicht verstehen will. Da sind Pferde- und Einhornreiter völlig gleich, sie kämpfen alle gegen denselben Widerstand. Und beide werden auf Familienfesten gerne gefragt, ob man dieses teure Ding namens Pferd oder Einhorn etwa immer noch hat. Und was es schon alles gekostet hat. Das fragt komischerweise niemand bei einem Auto oder einem anderen teuren Hobby.

Auch der Einhornreiterin steht das bevor. Und zwar für eine lange, lange Zeit, immerhin plant sie ja auch langfristig. Das Einhorn soll bei ihr alt werden und eines Tages friedlich einschlafen.

Auch wenn der Vater natürlich einen wunden Punkt erwischt hat. Pferde sind teuer, wenn sie krank werden. Hat man auch nur einmal nicht gut aufgepasst, kann es das Pferd das Leben kosten. Und vorher hat man noch den Geldbeutel ordentlich strapaziert.

Denn wenn wir ehrlich sind, sind Pferde Kreaturen, die es eigentlich nicht mehr geben dürfte. Das klingt total dramatisch, aber es ist tatsächlich die Wahrheit. So ein Pferd kann (muss aber nicht) an einer Menge Dinge sterben. Und zwar an wesentlich mehr Dingen als eine ordinäre Katze oder ein Hund. Schneller und kurioser sterben eigentlich nur Kaninchen.

Auf Millionen Hochglanzbildern entschwindet sie gen Sonnenuntergang, die majestätische Kreatur Pferd, so kennen wir sie, galoppierend und schnaubend. So frei, dass sie an einem Grasbüschel haltmacht – und tot umfällt.

Hier eine makabre Hitliste von Dingen, an denen ein Pferd sterben kann:

Weide

Der oben erwähnte Grashappen ist der Killer. Man stellt das Pferd zurück auf die Koppel, nachdem man einen netten Ausritt gemacht hat – und am nächsten Tag liegt es einfach tot da. Das Phänomen tritt vermehrt in England auf, es hat auch etwas mit der Jahreszeit zu tun, so ganz nachvollziehbar ist es jedoch nicht. Da haben wir's, das Pferd stirbt sogar an seiner natürlichen Nahrung. Die sogenannte Grass-Sickness, Eicheln auf der Weide, Jakobskreuzkraut – es gibt tausend Gründe, warum ein Pferd einfach tot auf der Wiese liegen kann.

Box

Das eigene Heim wendet sich gegen einen? Ja. Das geht tatsächlich. Pferde sind auch in der Box gefährdet, vor allem, wenn sie sich hinlegen. Pferde sind nämlich so geschmeidig wie ein Stein und legen sich gern in der Box fest. Wenn das nicht bemerkt wird, kann das tatsächlich zum Tod führen. Wie hat man sich das vorzustellen? So ein großes Tier wie ein Pferd braucht Platz, um sich wieder hinzustellen, wenn es die Beine nicht direkt unter sich hat. Viele schaffen es wirklich, sich in einem rechten Winkel so hinein zu quetschen, dass sie diesen Platz nicht mehr haben. Da hängen sie dann also. Selbst wenn man das bemerkt, können sie sich dabei immer noch die Gräten brechen, im schlimmsten Fall das Genick.

Wasser

Nicht nur, dass Pferde natürlich auch ertrinken können (allerdings müssen sie dafür schon in einen Kanal oder Pool fallen), auch das Wasser, das man an einem heißen Sommertag entweder zum Trinken verabreicht oder in Duschform aufs Pferd regnen lässt, kann tödlich sein. Zu kaltes Wasser kann eine eventuell tödliche Kolik auslösen. Zu kaltes Wasser auf warmer Haut einen Herzinfarkt.

Kolik

Einer der schlimmsten Killer. So ein Pferd ist anatomisch einfach blöd konzipiert; die Beine sind eigentlich zu dürr, den schweren Körper zu tragen. Und dann ist da noch dieser extrem ungeschützte Bauch, der zwar einen Rippenbogen hat, welcher aber nicht vollständig schließt und damit den Darm munter im Inneren herumbaumeln lässt. Was dumm ist, denn es reicht schon falsches Liegen, um den Darm so zu verwursten, dass Teile davon absterben. Aber auch bestimmtes Futter, Gifte, Parasiten etc. lösen eine Kolik aus, bei der es zum Darmverschluss kommen kann. Teile des Darms können dabei absterben und müssen dann operiert werden.

Sand

Sand verursacht Kolik. Siehe oben. Ja, Pferde fressen Sand. Herrgott, wir haben doch schon festgestellt, dass diese Vierbeiner ein bisschen doof sind!

Beinbruch

Es gibt durchaus Formen des Beinbruchs beim Pferd, die man heilen kann. Aber sobald es splittert und mehr Teile als ein Ravensburger Puzzle hat, funktioniert das einfach nicht mehr. Da kann man noch so viel Geld reinpumpen. Warum bricht sich ein Pferd überhaupt ein Bein? Glaubt man Tierschützern, dann kommt das vom Pferderennen. Und was machen die anderen 90 % der Pferde, die sich ein Bein brechen? Ungeschickt in ein Loch tapsen, auf der Weide rumrennen, in der Halle traben oder gar Schritt am langen Zügel gehen?

Hufe

Huch, Hufe? So ein Pferd hat doch gleich vier davon? Ja, und wegen allen vieren kann es draufgehen. Da gibt es Hufrehe mit Hufbeinrotationen und anschließendem Durchbruch (das klingt eklig und ist es auch). Es gibt das Ausschuhen, wenn die Rehe zu lange unbehandelt bleibt und das Pferd tatsächlich seinen Huf verliert. Jetzt denkt sich vielleicht der nicht-pferdische Leser: Aber es hat doch noch drei Beine, das kann ja nachwachsen. Nee, das funktioniert nicht. Da sind wir wieder bei dem Fakt, dass Pferde einfach blöd konzipiert sind. Die anderen Hufe können das Gewicht nicht auffangen, welches der kaputte vorher getragen hat. Sie werden Laminitis entwickeln und damit dasselbe provozieren wie schon beim ersten Huf. Und woher kommt das alles? Siehe oben: Gras! Nicht ausschließlich, es gibt verschiedene Arten der Rehe. Zu viel Belastung zum Beispiel. Aber eben auch das Gras. Und nicht nur das. Es gibt Hufkrebs, es gibt eine Menge Erkrankungen, die wiederum zu einer Laminitis führen können, weil das Pferd dank ihnen nur drei Hufe belastet … Hufpatienten sind der Horror.

Equipment

So ganz eigenverschuldet stirbt ein Pferd natürlich nicht immer. Nein, es gibt auch echt clevere Leute, die mit der Handhabung ihres Equipments geradezu schreien: »Lieber Gott, nimm mein Pferd!« Springen mit Dreieckszügeln, komische Konstrukte aus Ausbindern und Dreieckszügeln im Gelände, zu niedrige oder schlechte Zäune an Bundesstraßen und Autobahnen, festgeschnallte Gebisse und Köpfe, das Pferd an Trensen anbinden … Ach, der Reiter schafft es schon irgendwie, sein Pferd ins Grab zu bringen.

Was macht man also, wenn man dieses ganze Wissen hat? Nichts. Man kann ohnehin nichts dagegen machen. Nicht mal, wenn man das Pferd in Watte packt, kann man verhindern, dass irgendeine von den genannten Möglichkeiten eintritt.

Unsere Einhornreiterin ist sich dessen natürlich auch bewusst und bleibt unbekümmert.

Und überhaupt – in Watte packen ist sehr unklug. Nachher frisst das Einhorn die. Und dann? Kolik.

Siehe oben.

KAPITEL 5:
DER STERBENDE SCHWAN –
HÄNGERFAHREN FÜR FORTGESCHRITTENE

Schon früh ist die neue Einhornbesitzerin auf den Beinen, immerhin hat sie ja noch einiges an Fahrt vor sich. Ihre Freundin Sandra ist auch dabei, die hat Ahnung von Pferden, für den Fall, dass man sie über den Tisch ziehen will. Vielleicht ist das Einhorn ja gar nicht wie auf den Fotos, dann kann man immer noch vom Kauf zurücktreten. Einen Hänger-Führerschein hat die Sandra auch – umso besser. Mit vereinten Kräften kann man das Einhorn dann auch verladen, wenn es zum Kauf kommt, denn die Einhornreiterin wurde bereits in einigen *Facebook*-Pferdegruppen vorgewarnt: Das gemeine Pferd geht nicht so gern auf den Hänger.

Darum macht sie sich dennoch weniger Gedanken. Wir reden hier ja nicht von einem schnöden Pferd, sondern von einem Einhorn, und das möchte ja eigentlich seinem Reiter nur Freude machen. Und zur Freude seines Reiters wird es auch garantiert Lambada tanzend in den Hänger steigen.

Nach mehreren Stunden Fahrt kommen die Einhornreiterin und Sandra dann auch in der sächsischen Pampa an, irgendwo zwischen Märchenwald und Plattenbau, wo das Zauberpferd stehen soll.

Eine Weide kommt in Sicht. Das Gras ist hoch, und ein paar Haflinger, kugelfett, dösen darauf. Aber weit und breit kein Einhorn. Ein Feldweg führt zu ein paar Bretterbuden, und unsere künftige Einhornreiterin erkennt auf jeden Fall Parallelen zu ihrem neuen Heim. Da wird das Einhorn sich wohlfühlen, wenn es schon hier so lebt.

Als Sandra fragt, welches denn das künftige Pferd sein soll, weiß sie das allerdings auch nicht, denn es ist ja nicht hier.

Zum Glück kommt da gerade die Verkäuferin aus den Büschen, und sie winkt wie wild und grinst über beide Ohren. Die freut sich bestimmt auch so doll, dass das Einhorn in liebevolle Hände kommt.

Sie stellt sich als Cindy vor, und Cindy weiß, wie man Leute überrascht.

»Die Bella muss momentan alleine stehen, sie hat sich mit dem Hubert so doof gebissen!«

Dass das Einhorn weiterhin Bella heißt, kommt natürlich nicht in die Tüte, man hat schließlich schon einen Namen, aber das muss man ja Cindy nicht auf die Nase binden.

Neugierig folgen Einhornreiterin und Sandra der Cindy durch den Wald und kommen an einen kleinen, eingezäunten Paddock, wo das Einhorn endlich wartet.

Es hat die Ohren angelegt, das matte Fell ist dreckig und die Mähne ziemlich verfilzt.

Als Sandra Cindy darauf anspricht, brabbelt die was von Robusthaltung. Das hat unsere Einhornreiterin auch schon recherchiert, das ist richtig toll. Und so natürlich! Super.

»Die Hufe sind 'n bisschen lang, aber der Hufschmied hatte die Woche keine Zeit. Das kannst du ja bei dir machen lassen.«

Genau, findet unsere Einhornreiterin auch. Nicht, dass sie der Cindy nicht traut, aber man nimmt ja doch lieber den Hufschmied von der Schaninn. Die hat den schon lange, und die hat ja auch viel Ahnung.

Also nickt sie beglückt, will jetzt aber endlich zu ihrem Einhorn.

»Geh ruhig drauf«, sagt die Cindy. »Die ist ganz nett mit Fremden.«

Charmant fröhlich begrüßt das Einhorn seine künftige Mutti mit immer noch angelegten Ohren und Kopfschlagen. Aber gut, das Einhorn fremdelt halt ein bisschen, das ist ja nun wirklich zu verstehen. Schließlich ist es misstrauisch. Die Rippen kann man auch zählen.

»Das ist normal beim Vollblut«, sagt prompt die Cindy.

Sandra verdreht die Augen.

Aber die Einhornreiterin ist entzückt. Ein Vollbluteinhorn also. Hui! Was das alles für Träume hervorruft. Vollblüter sind schnell, die dürfen auf der Rennbahn laufen. Ob das ein Renneinhorn ist? Das wird sie nachher mal mit der Schaninn eruieren.

»Was hat die denn mit der Hinterhand?«, fragt Sandra.

»Die hatte mal einen Unfall, ist voll in den Stacheldraht gerannt, die dumme Nuss. Aber das ist verheilt. Das ist nur Narbengewebe.«

Sandra wird komisch rot, was unsere Einhornreiterin nicht verstehen will. Außerdem ist sie auch genervt, weil ihre Freundin so kritische Fragen stellt. Obwohl sie eigentlich genau deswegen mitgenommen wurde.

»Und was hat die am Kopf?«

»Ist jetzt mal gut«, zischt die entnervte Einhornreiterin ihr zu. Sieht doch wohl jeder, was das ist. Das Horn! Und ein paar kleine Warzen um das Maul hat das Pferd auch. Aber das macht das gesamte Tier nur liebenswerter. Wer will denn schon Perfektion? Nein, unsere Einhornreiterin will Arbeit. Einfach kann schließlich jeder!

»Kann ich die mal probereiten?«, fragt Sandra keck.

»Ich hab keinen Sattel da«, antwortet die Cindy. »Ich reite ja nicht mehr. Ich finde, reiten sollte man Pferde eigentlich gar nicht. Die sind nicht dafür gemacht, einen Menschen durch die Gegend zu tragen.«

Hä? Also, für solchen Unsinn hat unsere Einhornreiterin echt keine Zeit. Da ist es mal an ihr, die Augen blöd zu verdrehen, während sie White Pearl Of Silver Moon streichelt. Deren Ohren sind jetzt auch gar nicht mehr so weit zurückgelegt.

»Kannst du die mal traben lassen?«, fragt Sandra.

Die Cindy nickt mürrisch und nimmt der Einhornreiterin das Tier ab.

Unwillig lässt die Stute das geschehen, so wie ziemlich alles um sich herum. Schnaufend versucht die Cindy das Einhorn zum Traben zu animieren, das signalisiert allerdings höchste Unlust. Der Schweif peitscht hin und her, und die Augen rollen auch schon halb wahnsinnig. Das Maul klappt auf und droht in Richtung Cindy. Aber irgendwann erbarmt das Einhorn sich doch, als Sandra mal aufstampft, und trabt.

Schweif nach oben, ab. Cindy lässt los, weil sie nicht mithalten kann, und das Einhorn schwebt. Ungefähr drei Schritte lang, dann pariert es wieder durch und fängt an zu fressen.

Unsere Einhornreiterin sieht sich allerdings schon in der nächsten S-Dressur. Was kann mit so einem Trab schon schiefgehen?

Am Rest kann man arbeiten. Und etwas futtern muss das Tier auch. Das Einhorn ist zwar ein Vollbluteinhorn, aber in den Augen seiner größten Verehrerin ist es doch zu dünn. Da hat Sandra schon ein bisschen recht. Aber Sandra hat ja auch so einen fetten Friesen, die hat schon jedes Augenmaß verloren und behauptet immer, der wäre barock.

»Die nehmen wir«, strahlt die Einhornreiterin.

»Ja?«, fragt die Cindy ein bisschen ungläubig. »Das find ich toll. Könnt sie direkt mitnehmen, wenn ihr wollt. Macht 2.000 Euro.«

Unsere Einhornreiterin drückt der Cindy freudestrahlend den Umschlag mit den 2.000 Tacken in die Hand, den sie zu Hause schon vorbereitet hat. Ohne das Einhorn will sie nämlich auf keinen Fall zurückfahren.

Die Cindy ist auch hocherfreut. So erfreut, dass sie sich gleich darauf hastig verabschiedet, in ihren alten Volvo springt und davonfährt.

Sandra runzelt die Stirn. »Du hättest handeln sollen.«

»Man feilscht doch nicht bei Lebewesen!«, antwortet die Einhornreiterin empört.

Sandra seufzt und befestigt den Strick am Halfter des Einhorns, das fröhlich die Ohren anlegt und nach ihr schnappt. Das hat es bei unserer Einhornreiterin nicht gemacht, und die fühlt sich auch prompt geehrt. Ist das etwa das berühmte Ein-Frau-Einhorn, von dem man im Internet so liest? Scheint fast so. Toll!

Sandra drückt ihr den Strick in die Hand und meint: »Halt mal, ich hol den Hänger. Ich will heute Mittag wieder zu Hause sein.«

Na klar. Kein Thema, denkt sich die Einhornreiterin und geht ein paar Schritte mit dem etwas steif gewordenen Einhorn, das sich brav hinterherzerren lässt, wenn man nur doll genug zieht.

Rumpelnd parkt Sandra den Hänger am Weidetor. Das Einhorn macht die Glotzer auf und bleibt ganz starr stehen. Da rein? Vergiss es!

Hat unsere Einhornreiterin aber gar nicht mitbekommen, die wählt schon in Gedanken die erste Kürmusik für die gemeinsame Dressur aus. Vielleicht *Chariots of fire*?

Sie merkt erst, dass White Pearl Of Silver Moon den Hänger blöd findet, als sie knapp davor steht, denn plötzlich stemmt das Einhorn die Hufe in den Boden und will nicht mehr weiter.

Sandra ist mittlerweile nach hinten gekommen und verdreht schon wieder so komisch die Augen. Die ist aber auch schlecht gelaunt!

Liebevoll tätschelt die Endlich-Einhornbesitzerin ihrem Tierchen den Hals, laut und geräuschvoll, sonst weiß das Vieh schließlich nicht, dass es gelobt wird, und schaut ein wenig hilfesuchend zu ihrer Freundin. »Und was jetzt?«

»Ja, rein mit der!«

»Die geht nicht.«

»Lass mich mal.«

»Nee, besser nicht. Ich mache das.«

Kopfschüttelnd schiebt Sandra die Trennwand ein bisschen beiseite und winkt unserer Einhornreiterin dann zu.

White Pearl Of Silver Moon macht tatsächlich zwei Schritte mehr, bevor sie mit großen Augen wieder vor dem Hänger parkt.

»Soll ich mal von hinten kommen?«, fragt Sandra.

Bevor die Einhornreiterin das überhaupt beantworten kann, ist ihre Freundin schon unterwegs, und eine Gerte hat sie auch in der Hand.

»Aber nicht hauen!«, ruft sie entsetzt, obwohl Sandra das überhaupt nicht vorhat.

»Die soll nur verstehen, dass sie nicht rückwärts gehen soll«, gibt sie zurück.

White Pearl Of Silver Moon geht wieder ein paar Schritte näher und trötet den Hänger an. Das Horn schrappt einmal gegen den Unterboden. Dafür wird sich unsere Einhornreiterin auch was einfallen lassen müssen, nicht dass sie damit irgendwo hängen bleibt oder einem Kind ein Auge aussticht.

Als Sandra mit der Gerte hinter dem Einhorn wedelt, passiert etwas Unbegreifliches: Das Tier steigt.

War das ein falsches Kommando? Kann sie sogar steigen? Cool! Der Hufabdruck auf der Schulter fällt da gar nicht mehr so ins Gewicht. Vor lauter Träumen hat die Einhornreiterin nämlich vergessen, einen gewissen Sicherheitsabstand zu ihrem neugewonnenen Schätzchen zu wahren.

»Du musst da schon ein bisschen Druck machen«, ruft Sandra entnervt von hinten. »Sonst sind wir übermorgen noch hier.«

Aber die Neu-Einhornmutti hat eine viel bessere Idee: Futter. Sie zupft ein paar Grashalme und hält sie White Pearl Of Silver Moon unter die Nase. Die Stute macht einen langen Hals, aber keinen Schritt.

»Im Hänger ist es ganz toll«, versucht sie dem Einhorn zu erklären. »Wirklich.«

Scheinbar ist das Einhorn taub (das muss auf jeden Fall der Tierarzt überprüfen), oder es spricht nur arabisch. War doch ein

Araber, oder? Jedenfalls versteht White Pearl Of Silver Moon einfach nicht, was ihre neue Besitzerin von ihr will.

»Zieh jetzt noch mal, ich wedle mit der Gerte.«

Die Einhornbesitzerin zerrt eifrig am Strick, und das Einhorn beginnt tänzelnd seitwärts auf den Hänger zu gehen. Erleichtert lockert die Besitzerin den Strick – und schwupp! Das Einhorn ist wieder unten.

»Du musst ganz reingehen«, schimpft Sandra von hinten. Mann, was nervt die denn so?

Neuer Versuch. Dieses Mal sprintet das Einhorn allerdings rückwärts die Rampe runter, obwohl es schon fast ganz drin war. Und es leckt sich ständig so komisch das Maul. Was das wohl bedeutet?

Der nächste Versuch geht vollends in die Hose, weil das Einhorn seitlich abrutscht und sich erst einmal eine Schramme haut.

Unter Tränen begutachtet die Einhornbesitzerin die Wunden, als Sandra ihr kommentarlos den Strick aus der Hand nimmt, das Einhorn energisch nach hinten schickt (alles unter Protest der Neubesitzerin) und anschließend verlädt. Und zwar ohne Theater.

Das war ja einfach …

Auf der Rückfahrt wird dennoch gestritten. Sandras kritische Art und ihr ewiges Mäkeln sind der Einhornreiterin doch ziemlich auf den Keks gegangen. Die wird jedenfalls nicht eingeladen, wenn sie durch ihre erste S-Dressur schwebt.

KAPITEL 6:
TRENDFARBEN AM EINHORN

Als sich die Einhornreiterin abends in ihr Bett kuschelt, kann sie es kaum fassen. Sie hat jetzt endlich ein Pferd. Oder korrekterweise: ein Einhorn. Pläne werden bereits seit der Heimfahrt geschmiedet, und morgen geht es auch gleich nach dem Besuch im Stall auf große Shoppingtour. Vielleicht auch erst übermorgen, denn vorher möchte sie sich noch im Internet schlau machen. Welcher Sattel soll es sein? Welche Zäumung? Was wird gefüttert? Hatte Schaninn nicht gesagt, das Futter müsste sie selbst holen? Ja, es wird Zeit für einen Besuch im Laden.

Darauf freut sich jeder Reiter, ob groß oder klein, alt oder jung, erfahren oder unerfahren. Reitshops sind der Ort, an dem Träume anfangen und garantiert nicht verwirklicht werden. Aber man sieht immerhin anschließend super aus. Und das muss ja auch sein.

Schnell noch einmal das Handy gezückt, der Mann schnarcht ja. Welche Farbe steht White Pearl Of Silver Moon denn überhaupt? Beim Nachschlagen wird die Einhornreiterin auf ein besonders interessantes Thema aufmerksam: Schibbi-Schabbis.

Früher war bekanntlich alles besser. In dem Fall stimmt das sogar mal. Denn früher gab es gar keine Schabracken, und wenn, dann hatten die genau einen Zweck: da sein. Sie waren braun oder schwarz, und wenn es hoch kam, waren sie grün. Oder grünbraunschwarz. Wenn man sich die Pferdeforen und *Facebook*-Gruppen dieser Welt ansieht, erkennt man schnell: Damals ist wohl etwas gehörig schief gelaufen.

Weshalb? So ein Pferd trägt Bunt. Und zwar in hippen Trendfarben. Pink, Orange und Gelb sind noch harmlos. Petrol, Chocolate, Mokka, Unterhosengelb, das sind dann schon die schlimmeren Auswüchse. Bestickt müssen sie sein und viel Bling-Bling haben. Und wenn nicht, dann müssen sie wenigstens scheißteuer gewesen sein.

Kollektionen mancher Nobelfirmen sind das Nonplusultra! Es gibt Menschen, die haben eigene Zimmer für ihre Kollektionen. Das haben sicherlich andere Leute auch für ihre Hobbys, aber mal ernsthaft – das ist ein Pferd! Dem könnte man eine Unterhose über den Kopf ziehen, das ist ihm egal. Beim Einhorn könnte das natürlich kritischer werden, denn das gute Tier hat ja noch ein Horn.

Besonders albern wird es dann bei Leuten, die auch noch eine passende Reithose und ein passendes Poloshirt zu ihrer Schibbi-Schabbi tragen. »Schibbi-Schabbi« kommt übrigens von Schabracke, denn es gibt ungelogen Leute, die »Schabbi« schreiben, wenn sie Schabracke meinen.

Übrigens: Solche Schibbi-Schabbis übersteigen schnell mal den Preis einer monatlichen Stallmiete, wenn man dazu noch passende Bandagen und ein Deckchen haben will.

Nun ja, jeder nach seinem Gutdünken, das Pferd stört es ja nicht. Aber was passiert, wenn jemand ein Bild seiner neuesten Kollektion irgendwo im Internet postet? Das erlebt unsere Einhornreiterin an diesem Tag hautnah auf *Facebook*.

Schibbi-Schabbi-Tante: »Guckt mal alle her, meine neue Mokka-Latte-Kackbraun-Sammlung. Sieht das nicht toll aus?«

Nobel-Schibbi-Schabbi-Fan: »Wow, super, gibt's die auch in Arschorange mit pisspottgelben Tupfen?«

Öko-Tante: »Das ist nicht gesund für das Fell, bei dieser Firma knüpfen indische Kinder die Teppiche, und die haben alle die Beulenpest.«

Dressurtussi: »Investier das viele Geld lieber in Reitunterricht, du sitzt total schief auf dem Pferd, und das geht gar nicht durchs Genick.«

Tierkommunikatorin: »Dein Pferd hätte viel lieber etwas aus der letzten Herbstkollektion, das kann ich in seinen Augen lesen, damit kenne ich mich aus.«

Selbsternannte Tierärztin: »Dein Pferd hat Blockaden im Lendenwirbelbereich, deine Schabracke schlägt Wellen, und der Sattel passt auch gar nicht. Der Schweif ist schief, und wenn du nicht aufpasst, ist dein Pferd in zwei Wochen tot. Sieht man doch sofort. Und wer das nicht sieht, sollte sich mal eine Brille kaufen.«

Selbsternannte Hufschmiedin: »Dein Pferd sollte besser ohne Eisen laufen, das ist gesünder, und die Fehlstellung kann man auch korrigieren. Dass es überhaupt noch läuft, ist ein Wunder! In zwei Wochen ist es tot.«

Nobel-Schibbi-Schabbi-Fan 2: »Bei einem Rappen sähe das aber viel schöner aus!«

Rennreiter: ›Hm, ist kein Vollblut – weiterscrollen.‹

Jünger: »Arbeitest du dein Pferd überhaupt nach System XYZ? Sieht ja nicht so aus. Dabei ist das das einzig Wahre. Und auch viel gesünder für dein Pferd. So wie es jetzt aussieht, wird es nach zwei Wochen Suizid begehen. Besorg dir lieber die Arbeitsmaterialien nach Parelli/Roberts/Nevzorov/Tellington-Jones. Da ist das Geld gut investiert.«

Theoretiker: »Lies doch bitte erst mal dieses Buch, bevor du dein Pferd so anziehst!« (Hier könnte ein Link zu *Ihrem* Produkt stehen!)

Pferdemädchen: »Oooh, wie süß. Sieht fast aus wie mein Pferd. Nur ist meins weiß und deins braun!«

Hardliner: »Bah, dieses zur Schau Stellen ist abartig, du hast keinen Respekt vor dem Lebewesen! Und überhaupt, ist das ein Ledersattel? Tierquäler. Verpiss dich!«

Wir fassen zusammen: Das Pferd ist also in zwei Wochen mindestens tot, weil ihm die Farbe nicht steht, es darf bitte bloß keine Eisen tragen, die Reiterin braucht dringend Reitunterricht, ein anderes Hobby und ein paar Bücher. Alternativ auch einen Kurs bei diversen Gurus oder meiner Mama, oder einfach ein Vollblut. Dann hätte sie all diese Sorgen gar nicht.

Was passiert also, wenn Schibbi-Schabbi-Tante den *Facebook*-Thread das nächste Mal aufruft? Na logisch: Sie löscht ihn. Mit Kritik setzt sich eine waschechte Schibbi-Schabbi-Tante nämlich nicht auseinander. Muss sie auch gar nicht. Das ist ja das Schöne!

Unsere Einhornreiterin hingegen hat in dieser wilden Diskussion eine Menge gelernt. Die schöne neue Nobel-Kollektion, die muss sie haben. Die kommt auf die Liste für White Pearl Of Silver Moon, was noch mitten in der Nacht dem Handy diktiert wird.

Den Farbton hat sie zwar schon wieder vergessen, aber es ist ein herbstliches Rot, mit viel Braun. Kostet fast nichts. Außer einem Monat Einhornmiete bei Schaninn. Mit der nicht mehr aktuellen Kollektion möchte sie aber auch nicht antanzen.

Bereits am nächsten Morgen ist sie wieder im Internet, denn es gibt ja noch so vieles zu klären. Mann und Kind wurden vorsorglich zu den Schwiegereltern verfrachtet, und die nervige Sandra, die ja eh immer gegen alles ist, wurde auch nicht zum gemeinsamen Shoppen eingeladen. So kann unsere Einhornreiterin nachher völlig unbesorgt zum Reitsportmarkt fahren und möglichst viel ergattern. Einen Sattel kauft man da natürlich nicht, wie sie im Internet lernt. Das macht man beim Sattler. Und dann hat sie ja noch von diesen Wunderdingern gelesen, die, die auf jedes Pferd passen. Warum nicht davon einen? Damit wird sie sich aber erst übermorgen befassen, denn vorher muss der Rest ja da sein.

Auf geht's also zum großen Pferdesporthaus. Bereits am Eingang wird unsere Einhornreiterin von grellen Sonderangeboten erschlagen. Misstrauisch mustert sie die Schabracken, Halfter und Stricke, die hier ausliegen.

Die eilig herbeigeeilte Verkäuferin erklärt rasch: »Die sind reduziert, weil die Kollektion veraltet ist.«

Naserümpfend geht die Einhornreiterin weiter. Eine veraltete Kollektion? Nur über ihre Leiche.

Zielsicher findet sie die Nobel-Abteilung und packt Schabracke, Abschwitzdecke, Halfter, Strick, Fliegenhäubchen, Bandagen und passende Gamaschen in ihr Körbchen. Und noch ein paar Hufglocken, die dazu passen. Aber will man wirklich das gute Halfter für die Weide? Schnell noch drei weitere Halfter, die ein wenig günstiger sind, damit White Pearl Of Silver Moon sich künftig auch dreckig machen kann. Man steht ja in Robusthaltung.

Und auch unser Reiterlein muss ausstaffiert werden. So wandern zwei Reithosen, eine Turnierreithose in Weiß, Reitstiefel, Gerte, Sporen, Peitsche und ein paar Polohemdchen in den nächsten Korb. Mittlerweile sind es nämlich schon zwei. Aber halt: Kann man White Pearl Of Silver Moon wirklich zumuten, nur eine Schibbi-Schabbi zu besitzen?

Schnell noch mal zurück und ein paar weitere Schabracken gegriffen, in feschen Trendfarben. Allerdings passen die jetzt wieder nicht zu Gamaschen und Bandagen … Dann müssen die eben auch noch doppelt angeschafft werden. Und das Häubchen auch.

Eine Longe wandert natürlich ebenfalls in den Korb – den mittlerweile dritten.

Vor den Trensen wird gestoppt. Da gibt es ja ganz tolle Teile. Und die Gebisse erst. Welche Größe hat denn White Pearl Of Silver Moon überhaupt? Ach, da steht »Vollblut« dran, das muss passen. Bei den Gebissen ist sich unsere Einhornreiterin aber nicht mehr so sicher. Die haben schließlich Größen.

Sie kauft kurzerhand auf Verdacht drei, eins davon ist ein Kandarenzaum.

Die Verkäuferin ist mittlerweile selig, die braucht heute nicht mehr viel für ihr Geld zu tun. Die Einhornreiterin lässt genug Umsatz für zehn Kunden da. Aber vielleicht möchte sie ja noch mehr?

»Wir haben auch ganz tolle Gebisslos-Zäume, wenn Sie mal da hinten schauen wollen.«

Gebisslos-Zäume? Davon hat die Einhornreiterin gehört! Die sollen total pferdegerecht sein und auch viel besser. Schnell noch ein Sidepull gegriffen, und man kann auch schon fast zur Kasse gehen. Also, nachdem man noch einen Kappzaum und zwei Westerntrensen gegrabscht hat, weil die so schön aussehen.

»Kann ich die Sachen umtauschen, wenn was nicht passt?«, fragt die Einhornreiterin nun doch ein wenig besorgt.

»Ja, klar, kein Problem.«

Super! Die Körbe sind bereits auf den Tresen gehievt, da fällt ihr ein, dass sie gar kein Putzzeug besitzt, denn das haben die Schulpferde früher vom Reitstall gestellt bekommen. Schnell noch einen zur Nobel-Kollektion passenden Putzkoffer gegriffen, und die Shopping-Tour ist endlich von Erfolg gekrönt. Es gibt einen kleinen Rabatt, weil sie eine besonders gute Kundin ist – und als Gimmick obendrauf ein Paar Handschuhe. Wahrscheinlich für den Winter.

Einen Helm hat unsere Einhornreiterin übrigens nicht gekauft. Das kommt ihr gar nicht in die Tüte. Sie ist jetzt ihr eigener Herr, da kann ihr niemand mehr vorschreiben, einen Helm zu tragen. Und die Frisur macht der auch kaputt. Das geht einfach nicht. Beim Reiten hat man gut auszusehen. Sagte schon ihr Reitlehrer damals.

KAPITEL 7:
WELCHER ZAUM FÜR MEIN EINHORN?

Abends im heimischen Wohnzimmer werden die Errungenschaften ausgepackt und im Internet ansprechend präsentiert. White Pearl Of Silver Moon soll ja möglichst berühmt gemacht werden, und entsprechend hat sie bereits ihre eigene *Facebook*-Seite. Die hat auch schon zwei Likes. Eines ist von Sandra, das andere von Schaninn.

Die Einhornreiterin war zwar heute noch nicht im Stall, aber die Schaninn hat sich ja gut um alles gekümmert. Man soll außerdem am Anfang das Pferd in Ruhe lassen, damit es ankommen kann. Eine gute Idee, wie sie findet. Die arme Stute ist im Moment bestimmt sehr aufgeregt. Da ist es gut, wenn sie in kompetenten Händen wie bei der Schaninn ist.

Drei verwackelte Bilder aus dem Hänger lassen auch bereits den geneigten Leser ihrer Seite erahnen: Hier wartet der nächste Turniercrack.

Mann und Kind sind bereits im Bett, doch unsere Einhornreiterin ist noch wach. Sie informiert sich über die verschiedenen Zäumungen für White Pearl Of Silver Moon. Und da gibt es eine ganze Menge zu erfahren.

Bald wird sie in einer Gruppe fündig, die gebissloses Reiten propagiert.

Alles ist gut für diese Leute, solange nur dieses kleine Stück Metall nicht im Maul ist. Unpassende Gebissloszäume, scharfe Zäumungen in unruhigen Händen ... Egal, alles besser als das böse Gebiss.

Und warum? Wahlweise, weil das Pferdemaul zu klein ist, die Zunge zu dick, das Pferd keine Luft mehr bekommt und irgendwer irgendwelche Studien veröffentlicht hat, die an einem Knochenkopf zeigen, wie böse das Gebiss ist. Oder wenn der Mond im 7. Haus des Wassermanns steht, dann ist das Gebiss besonders schlimm.

Alle Gebissreiter sind auch grundsätzlich böse. Und zurückgeblieben. Und bestimmt Nazis. Und sie schlagen kleine Kinder und Tiere.

Fragen wir doch mal in solchen gängigen *Facebook*-Gruppen nach der perfekten gebisslosen Zäumung.

So eine gebisslose Zäumung ist wie ein Glücksrad: drehen und Vokale kaufen. Meist kaufen die Leute allerdings ein M, so wie in: »Mhhh, sitzt das so richtig?« Das Glücksrad variiert in den Schärfegraden, je nachdem, wie man es einstellt. Von findigen Leuten für viel Geld vermarktet, ist es eigentlich nur ein Rad mit Speichen. Wirkt mit Druck! Kein Mensch weiß, wie man es verschnallt, und ständig kommt irgendein Horst in die Gebisslos-Gruppen dieser Welt und fragt nach der Handhabung. Dabei ist's doch gar nicht so schwer.

Hackamore

Lieber Reiter, sei jetzt ganz stark: Ein Hackamore darfst du nicht benutzen. Niemals. Und wenn doch, dann darfst du niemals davon ein Foto veröffentlichen. Völlig egal, ob du es korrekt benutzt oder nicht. In so einer *Facebook*-Gruppe ist *immer* irgendwer dabei, dessen Freund eine Freundin hatte, die mal ein Pferd kannte, das wiederum einen Reiter kannte, der irgendeinem armen Geschöpf mit einem Hackamore die Nase gebrochen hat. Mal ganz unter uns: Wenn ein gegen die Hand gehendes (»pullendes«) Rennpferd es nicht schafft, dass ein Jockey ihm die Nase mit einem Hackamore bricht, dann passiert das auch nicht so schnell beim gemeinen Freizeitreiter. Sofern der nicht wieder mal zu blöd war, das Hackamore zu verschnallen. Okay, eigentlich ist es doch sehr realistisch. Lassen wir das.

Sidepull

Erste Wahl für Gebisslos-Anfänger. Wenn wir es erst zwanzig Mal falsch verschnallt haben, können wir auch fast schon losreiten. Bloß keinen Schoner dranpacken, ihr gestörten Gestalten! Damit raubt ihr dem Pferd die Sicht! Weil der so flauschig ist und das arme Geschöpf dann den Boden nicht mehr sehen kann. Dass eventuelle Ropes (spezielle Art von Nasenriemen) oder andere harte Materialien, aus denen der Nasenriemen gemacht ist, die Haut schmirgeln können, ist irrelevant. Hauptsache, das arme Tier sieht dabei den Hallenboden. Das Sidepull war eigentlich mal eine Impulszäumung, das wurde aber spontan vergessen.

Bitless Bridle

Mit einem Bitless Bridle muss man andersrum lenken! Behaupten hartnäckige Verfechter des Glücksrads. Also nicht das Rad andersrum drehen, sondern andersrum reiten. Scheinbar besitzt mein Pferd eine invertierte Steuerung wie eine Flugsimulation, oder aber, das ist gar nicht so. Prinzipiell glaube ich, dass sich das Bitless Bridle nur deswegen nicht so massiv durchsetzt, weil das quasi die Königsdisziplin für Gebisslos-Honks ist. Das kriegen die ja nie verschnallt, mit den ganzen überkreuzten Strippen.

Bosal

Das gesellschaftlich anerkannte Hackamore. Das Bosal ist okay. Das Hackamore (mechanisch) nicht. Merken! Damit kann man gut angeben. Benutzt nur keiner. Zu schwer zu verschnallen. Und zu verstehen.

Halsring

Selbst bei einem Halsring schaffen es manche Reiter noch, dass er falsch sitzt und das Pferd spontan an Asthma erkrankt. Wenn man gewissen Bildern im Internet Glauben schenken darf, ist der Halsring dafür da, dass dicke Kinder auf Ponys mit Hirschhals und weggedrücktem Rücken rumjuckeln und sich frei fühlen dürfen. Tut's da nicht auch 'ne Carefree? Oder ein OB?

Hannoversches Reithalfter (umfunktioniert)

Das Hannoversche Reithalfter (umfunktioniert) ist nichts anderes als ein Hannoversches Reithalfter ohne Trense. Aha … über die bösen Hackamore-Reiter schimpfen, aber selbst eine Zäumung wählen, die extrem auf dem spindeldürren Knöchelchen aufliegt. Clever. Zum Glück benutzt das kaum jemand, weil ja doch keiner weiß, wie man das verschnallt.

Unsere Einhornreiterin lernt beim Nachschlagen allerdings auch: Wenn sie auf Turnieren Erfolg haben will, dann reicht der gebisslose Zaum nicht, da muss schon eine Trense mit Gebiss her. Und in den höheren Klassen vielleicht eine Kandare.

Die Elite sieht das alles sowieso ganz anders, und so räumt unsere Einhornreiterin das neu erworbene Sidepull erst einmal zur Seite und schnuppert virtuelle Turnierluft.

Nämlich in jenen *Facebook*-Gruppen, wo die Reiter eine feine Verbindung zum Pferdemaul haben und nicht ständig ihr Tier auf der Vorhand rumschluffen lassen. Die Gebissreiter schweben dahin, haben ein Ziel, eine Berufung und drölftausend Jahre Erfahrung. Sie sind einfach die besseren Menschen – in ihren eigenen Augen. Und alles, was nicht mit Gebiss geritten wird, das taugt auch nichts.

Denn Gebissreiter sehen ja das Elend ständig: Da gurken sie wieder durchs Gelände, schlimmer als die Nacktreiter, brechen ihren Pferden die Nasen, können kein Turnier mitreiten, und ach … Sie können auch keine vernünftigen Hilfen geben. Denn das geht bekanntlich *nur* mit Gebiss.

Zum Beispiel mit diesen:

Knebelgebiss

Knebelgebiss, das klingt ganz schlimm, eignet sich aber super für die Jungpferdeausbildung. Sofern es denn richtig eingeschnallt wurde. Oft sieht man Pferde mit Stangen über der Nase. Ob man mal jemanden fragen sollte, wie das richtig sitzen muss? Nein, nein … das wär ja doof. Sieht brutal aus, ist es aber tatsächlich nicht.

Pessoagebiss

Zum Hebeln und Spaßhaben. Dein Pferd geht gerne durch? Wird heiß im Parcours? Jetzt neu: Hebelwirkung – auch für Gebissreiter! Allerdings solltest du damit rechnen, dass dich jetzt nicht mal mehr deine Mami liebhat. Das Pessoagebiss ist nämlich wie das Hackamore für Gebisslosreiter, und du bist somit leider des Todes. Schade. Und schnallst du es in den normalen Ring, bist du trotzdem eine blöde … (An dieser Stelle passendes Schimpfwort nach Gutdünken oder Bildungsstand einfügen.) Du hättest ja wohl kaum ein solches Gebiss, wenn du es nicht wärst! Außerdem warst du nur zu blöd, es richtig zu verschnallen.

Olivenkopfgebiss

Kritisch beäugt wird ein Reiter mit so einem Ding in jedem Fall. Denn Reiter wissen eigentlich nur eines: Das ist schärfer als ein stinknormales Gebiss, weil die Ringe nicht wie bei der Wassertrense verschiebbar sind. Und selbst das wissen die meisten nicht, sie haben nur abgespeichert: Olivenkopfgebiss = scharf. Lümmelige

Halb- und Vollblüter kriegen so etwas verpasst. Weil die ja heiß sind. Deren Besitzer dürfen das auch haben. Andere Leute bekommen böse Blicke und Lästereien hinter der Hallenbande ab. Das Gebiss sieht man seltener, weil die meisten Leute nicht wissen, wie herum es gehört.

Gebisse mit Geschmack

Fast so sinnig wie Kondome mit Geschmack, gibt es ernsthaft auch Gebisse mit Geschmack. Man braucht keine Reitstunden, wenn der Bock das Maul aufsperrt. Man braucht auch keinen Tierarzt, Zahnarzt oder sonst irgendwen, der irgendwie hilfreich wäre! Nein, es braucht ein Gebiss mit Geschmack. Denn so ein Pferd von Welt, das möchte auch etwas von so hippen Kreationen wie Strawberry Cheesecake haben.

Kandare

Auch bekannt als: »Achtung! Ab jetzt sind wir wichtig!« Wer mit Kandare reitet, ist toll und hat es drauf. Er wird nicht hinterfragt (und wenn, dann nur von diesem Rattenpack, den Gebisslosreitern), und vielleicht haben die Leute damit sogar recht. Denn so eine Kandare anzulegen, das ist eine Königsdisziplin, hier trennt sich die Spreu vom Weizen. Das hier sind die wahren Könige. Die können Trensen zusammenbauen! Mit zwei Gebissen. Bitte um eine Minute andächtiges Schweigen. Generell ist eine Kandare übrigens ab L-Dressur erlaubt, und das ist eigentlich auch ganz gut so.

Pelham

Nur für Springreiter, bei denen ist das okay. Alle anderen, die ein Pelham benutzen, sind Tierquäler. Da das aber wieder mal kein Mensch verschnallen kann, benutzt es auch keiner. Immerhin sieht es aus wie ein Utensil aus einem SM-Studio. Nee, das ist den meisten zu suspekt. Aber die, die es haben, sind Tierquäler, jawohl!

Steigergebiss

Entgegen aller Behauptungen von Gebisslosreitern ist dieses Gebiss nicht zum Reiten da, und es reitet auch niemand damit. Das Steigergebiss hält sich aber hartnäckig als Gebissform – es wird ja immerhin ins Maul gelegt. Das Ding ist allerdings nur zum Führen gedacht. Außerdem weiß doch sowieso kein Mensch, wie man das seinem Pferd anlegt.

Die Einhornreiterin ist inzwischen ein bisschen gestresst. Darauf war sie nicht vorbereitet. So viele verschiedene Meinungen und Richtungen? Gähnend klappt sie ihren Laptop zu und verstaut die Sachen im Flur, damit sie sie morgen der Schaninn zeigen kann. Die Schaninn weiß bestimmt Rat.

KAPITEL 8:
DIE ERSTEN SCHRITTE MIT DEM EINHORN

Früh am nächsten Morgen ist die Einhornreiterin bereits auf den Beinen und auf der Autobahn, denn sie muss ja zu ihrem Einhorn in den Stall. White Pearl Of Silver Moon wartet bereits mit angelegten Ohren und rollenden Augen am Zaun. Ob die immer so guckt? Vielleicht sind angelegte Ohren bei ihr ja auch ein Zeichen von Zuneigung? Bestimmt!

Die anderen Pferde sind bereits irgendwo am Horizont verschwunden und stehen außerhalb ihrer Reichweite. Schaninn ist nirgendwo zu sehen, aber das ist der Einhornreiterin nur recht. Es wird mal Zeit, sich mit White Pearl Of Silver Moon allein zu befassen.

Die Stute drängelt sich hastig durchs Tor, und unsere Einhornreiterin hat endlich einmal Zeit, das dreckige Tier zu putzen. Mit ihrem neuen Putzköfferchen bewaffnet wird das dann auch etwas, nach knapp zwei Stunden. Die Hufe sehen nicht sehr gut aus, das konnte sie nur beim Kauf nicht sehen, denn der Paddock war sehr matschig. Jetzt muss sie feststellen, dass ziemlich viel Horn rausgebrochen ist.

Ob White Pearl Of Silver Moon wohl Eisen braucht? Hoffentlich nicht! Die werden ja von den Mitreitern kritisch beäugt. Davor fürchtet die Einhornreiterin sich ein wenig, denn im Internet sind die ja schon nicht so nett. Und in den Ställen, die sie begutachtet hat, waren auch so komische Gestalten. Das war früher irgendwie nicht so.

White Pearl Of Silver Moon ist mittlerweile immerhin sauber, also kommt der Kappzaum drauf, und die Longe wird geholt. Aber wo soll man hier überhaupt longieren? Ein bisschen wehmütig denkt die Einhornreiterin an die Longierhallen, die es in den anderen Ställen gab, doch damit ist es wohl hier nicht weit her. Sie beschließt, einfach auf die Weide zu gehen, dort, wo kein Gras mehr wächst. Die anderen Pferde sind ja eh ganz weit weg.

Die Longierpeitsche wird auch geholt, der Kappzaum hängt irgendwo knapp am Auge, was kann da noch schief gehen?

Nun, um es kurz zu machen: eine Menge.

White Pearl Of Silver Moon findet Longieren nämlich gar nicht knorke, weiß vielleicht auch gar nicht, was das ist, denn sie rast sofort in einem unkontrollierten Galopp von dannen. Unsere Einhornreiterin hat alle Mühe, das rasende Tier überhaupt festzuhalten.

Das brennt ganz schön in den Handflächen, und als White Pearl Of Silver Moon endlich durchpariert, sind die ersten Blasen an den Händen bereits offen. Ob dafür wohl die Handschuhe sind, die sie im Reitladen geschenkt bekommen hat? Die hat sie blöderweise im Flur liegen lassen …

Beruhigend spricht die Einhornreiterin mit ihrem Einhorn. White Pearl Of Silver Moon scheint vor irgendetwas ziemliche Angst zu haben. Vielleicht ist sie traumatisiert? Aber bestimmt nichts, was man nicht mit viel Liebe wieder hinbekommt.

Sie tätschelt und tätschelt und wedelt noch einmal mit der Peitsche. Und das Einhorn rast wieder los. Mit Tränen in den Augen, denn ihre Hände tun verdammt weh, hält die Einhornreiterin dagegen und versucht, ganz nett mit White Pearl Of Silver Moon zu sprechen. Die scheint aber wirklich irgendwie taub zu sein, was sie ja schon bei der Cindy festgestellt hat. Morgen muss doch mal der Tierarzt kommen …

Gegen Ende der Lerneinheit sind das Einhorn und die künftige Reiterin klatschnass und haben zumindest eins gelernt: Handschuhe anziehen ist gar nicht so blöd.

Zum Schluss möchte die Einhornreiterin gerne ein wenig trocken reiten. Sie bindet einen Strick an den Kappzaum und sieht sich nach einer Möglichkeit um, das Einhorn zu erklimmen, denn einfach so kommt man da ja nicht drauf.

Die Stute hat immer noch die Ohren im Nacken und droht hufescharrend in Richtung Besitzerin.

Hm, vielleicht liegt es auch am vielzitierten Vertrauen. Die beiden kennen sich ja schließlich noch gar nicht.

Vorsichtig geht die Einhornreiterin auf das Einhorn zu und lässt es schnüffeln. Das Horn piekt dabei ein wenig. Und eine der Warzen ist auch ziemlich verschorft. Vielleicht hat es auch Schmerzen?

Da kommt zum Glück gerade Schaninn auf den Hof gefahren. Vielleicht weiß die ja Rat.

Winkend steht die Einhornreiterin am Zaun, damit Schaninn sie ja nicht verfehlt.

»Ach, da bist du ja schon«, ruft die von weitem und kommt rüber. »Habt ihr euch schon kennengelernt?«

»Ja, aber ich glaube, das Einhorn hat Schmerzen. Die rennt ja nur.«

»Warte, ich guck ma'.« Schaninn schlängelt sich unter den Zaunlitzen durch und begutachtet das Einhorn näher. Auch wenn dieses schon wieder droht. »Na, wenigstens hast du einen Kappzaum«, verklickert sie der Einhornreiterin. »Das is' nämlich viel besser. Weil, Gebisse sind ja schlecht für das Pferd.«

Etwas Ähnliches hat die Einhornreiterin ja bereits im Internet nachgelesen. Und die Argumente sind sehr logisch, schließlich möchte man ja selbst auch kein Metallteil im Mund haben, während man joggen geht. Warum sollte das Pferd, respektive Einhorn, das dann wollen?

In Gedanken wird wieder mit dem Sidepull geliebäugelt und schnell noch bei der Schaninn nachgefragt: »Was kann ich denn für einen Sattel holen?«

»Am besten einen baumlosen! Die sind besser für den Rücken, und die passen auch jedem Pferd!« Muss die Schaninn eigentlich immer so brüllen?

Aber unsere Einhornreiterin nimmt das in Kauf. Wer so laut spricht, ist von sich überzeugt und hat dann wohl auch recht.

Doch da ist noch eine Frage, die ihr auf der Zunge brennt. »Ich kann dann aber keine Turniere gehen, oder?«

»Neee«, prustet die Schaninn. »Nur: Wer will das schon? Turniere sind doch nur für Leute, die ihr Pferd als Sportgerät sehen, die wollen Kohle damit machen, das ist alles. Imma feste drauf, und die denken nie ans Pferd. Willst du etwa Turniere gehen?«

Verunsichert verneint die Einhornreiterin und legt noch eine hastige Lüge nach, weil die Schaninn so komisch guckt. Besser schnell ablenken. »Wo bekomme ich denn so einen baumlosen Sattel?«

»Kannste im Internet bestellen«, ist die Antwort. »Musst nur ein Pad drunter machen, aber ich kann dir auch meins leihen.«

Freudig nickt die Einhornreiterin und schießt rasch noch eine Frage hinterher: »Was kann ich denn machen, damit ich White Pearl Of Silver Moon besser longieren kann?«

»Da musst du erst mal Vertrauen aufbauen. Die kennt dich ja gar nicht. Kennst du den *Pferdeflüsterer*? Musst du unbedingt mal gucken. Wir können aber mal ein Join-Up mit ihr machen.« Schwupp, da hat die Schaninn auch schon die Longe ausgehakt und kramt eine Begrenzung hervor, ein paar Litzen ohne Strom, die sie um sich, die Einhornreiterin und das Einhorn zieht.

»Jetzt musst du die wegschicken. Das ist wie in der Natur!«

Wie in der Natur … mit Longe und abgetrennten Bereichen. Genau. Ist fast wie bei den Mustangs in Amerika.

»Schick sie weg!«, ruft Schaninn abermals.

Unsere Einhornreiterin weiß nicht so genau, warum, aber sie wedelt probehalber mal mit der Longe. Das hat sogar Effekt, das Einhorn keilt in ihre Richtung aus.

»Die ist ja ganz respektlos, die achtet gar nicht auf dich. Das musst du unbedingt unterbinden. Scheuch die noch mal!«

»Aber warum denn?«

»Damit die auf dich hört! Ist doch klar.«

Als die Einhornreiterin sich damit überfordert fühlt, nimmt Schaninn die Longe lieber selber und schafft es sogar, White Pearl Of Silver Moon davonzujagen, was diese prustend arabertypisch mit aufgestelltem Schwanz und elastischem Hüpfen quittiert.

»Die darf auch erst anhalten, wenn ich das sage«, erklärt Schaninn souverän und wedelt weiter, während das Einhorn mittlerweile Brummkreisel spielt. Aber es läuft immerhin.

Die Einhornreiterin ist schwer beeindruckt, nach der Schaninn keilt das Tierchen nämlich nicht aus.

Als die Stute kurz am Zaun Halt macht, ist Schaninn, der Monty Roberts in spe, auch ganz strikt. White Pearl Of Silver Moon wird erneut davongeschickt.

Wieder Araberprusten, aber ein Ohr in Richtung Schaninn.

»Jetzt konzentriert die sich auf mich! So ist es richtig. Du musst immer gucken, wegen Körpersprache und so!«

Klar, Körpersprache … Unsere Einhornreiterin versteht zwar kein Wort, aber sie nickt. Bleibt einem ja auch nichts anderes übrig, wenn man pferdetechnisch gerade entmündigt wurde.

Schaninn hört auf zu wedeln, und White Pearl Of Silver Moon bleibt verwirrt, aber dankbar stehen und prustet ganz schön laut.

Irgendwo regt sich im Hinterkopf der Einhornreiterin eine Aussage ihrer alten Reitlehrerin, dass man Pferde am Anfang nur langsam arbeiten darf, weil die ja noch gar keine Kondition haben, aber das sieht die Schaninn wohl anders. Die hat wahrscheinlich einfach mehr Pferde eingeritten.

»Es gibt ganz viele Methoden, mit Pferden zu arbeiten«, erklärt der Roberts-Verschnitt der Einhornreiterin. »Du musst halt rausfinden, welche bei euch geht. Und möglichst gewaltlos, weil du das Pferd ja sonst traumatisierst.« Der hanebüchene Widerspruch in ihrer Aussage und ihren Taten fällt der Schaninn übrigens nicht auf.

»Was gibt es denn da?«, fragt die Einhornreiterin verschüchtert.

Da fängt die Schaninn an zu erzählen.

KAPITEL 9:
DRUCK – KLICKER – T-TOUCH:
PFERDE MACHEN EINFACH JEDEN BLÖDSINN MIT

Ja, das gemeine Pferd an sich ist dumm. Jedenfalls wenn man sich ansieht, was es sich von uns Menschen gefallen lässt. Und es lernt sogar unter den bescheuertsten Umständen noch etwas. Selbst wenn der Mond gerade nicht im 7. Haus des Wassermanns steht, und auch, wenn Saturn und Neptun gerade keine Straße bilden.

Unter Reitern kursieren die wildesten Gerüchte, was Erziehung angeht. Und natürlich auch unzählige Praktiken, um seinem Pferd etwas beizubringen. Die Schaninn hat im letzten Kapitel beispielsweise das »Join-Up« gewählt, eine äußerst umstrittene Methode unter Reitern. Aber es gibt noch viele mehr!

Der Klicker

Durch einen Klicker soll das Pferd angespornt werden, bestimmte Dinge zu machen. Vorher muss man allerdings mit Herrn Pawlow geschlafen haben, sonst funktioniert das nicht. Klick = Gut! Danach kann das Tier Zaubern, Handstand, Radschlag und vielleicht noch ein paar unpassende Kunststücke wie Schlauch Ausfahren, Futter aus den Taschen Klauen und Betteln. Im Idealfall wird das Pferd das Klickern mit Lob verbinden und eventuell auch das machen, was man von ihm will. Im Worst Case wird es respektlos sein Futter einfordern und extrem aufdringlich werden.

Druck

Druck ist für alle außer Parelli-Reiter böse. Weil er totaal negativ ist. Die Druckhasser ziehen sogar an Türen, auf denen »Drücken« steht. Und sie können ihn wittern. Prinzipiell soll das Pferd aber eigentlich auf Druck mit Nachgeben reagieren. Das ist so die Kernaussage. Es soll den Kopf bei Druck runternehmen, und es soll auch weichen, wenn der Druck woanders entsteht. Sagt bloß *niemals* und nimmer nicht, dass euer Pferd weicht, wenn ihr euch gegen es drückt. Schiebt lieber wie ein Berserker an einem 500 kg-Vieh herum, damit es endlich den Huf von eurem Fuß nimmt. *Das* ist wahre Tierliebe.

T-Touch

Beim T-Touch befummelt man das Pferd, und irgendwann wird es wieder heile. Und es wird auch alles machen, was der Reiter will. Aber nur vom Boden aus. Man kann auch andere Tiere begrabschen, das hilft auch. Oder den Gartenzaun, falls der sich nicht von selbst anstreicht. Die T-Touch-Jünger sind echt selten, also einfach lächeln und nicken.

Dualaktivierung

Dualaktivierung, das ist wie Hallenmikado ohne Anfassen. Bunte Stangen auf nicht buntem Boden. Die machen Pferde klüger, aber nur, wenn sie die richtigen Farben haben. Gelb und Blau. Eigentlich ist das Ganze nur althergebrachte Stangenarbeit, die sogar durchaus sinnvoll ist. Mit den Dualaktivierungsleuten hat man eher selten ein Problem. Die sind ziemlich relaxt und haben definitiv schon zu lange auf ihre bunten Mikado-Stangen geschaut. Die zanken eher selten mit euch.

Join-Up

Gebt nie zu, dass ihr Join-Up probiert habt. Das ist ganz böse, und das muss sowieso jemand machen, der ein echter Profi ist, nur echt mit Join-Up-Zertifikat und Doktorarbeit. Das Pferd wird dabei im Kreis gehetzt, bis es ihm zu blöd wird und es endlich zum Menschen kommt. Machen Pferde in der Natur auch so. In ihren Roundpens in der Steppe. Überdacht natürlich, so ein Pferd von Welt will nicht nass werden.

Klassische Schule an der Hand

Die klassische Schule an der Hand – ho! Das sind definitiv die besseren Menschen. Die machen das nämlich wie die Ritter früher im Mittelalter. Da gibt es ganz viele tolle teure Bücher darüber. Vor allem muss man, wenn man klassischer Barockreiter ist, ständig die Namen Branderup, Xenophon und andere Artverwandte einstreuen. Das Ganze ist ein bisschen wie Englisch reiten, das wird aber ganz klar von allen Beteiligten verneint. Bevor man darüber überhaupt nur reden darf, muss man erst mal eine halbe Bibliothek quergelesen haben. Barockreiter blicken gerne von ihren Friesen auf das niedere Fußvolk herab. Das hat halt nicht bei Xenophon studiert. Sie selbst zwar auch nicht, sondern höchstens mal Xylophon gespielt, aber eine gewisse Arroganz lässt sich nicht verleugnen.

7-Games

Die 7-Games gibt es auch noch, nach Parelli. Fummeln, Grabbeln und Westernreiten. Alle anderen machen das nicht. So überliefert es jedenfalls der Volksmund. Der überliefert übrigens auch, dass Druck böse ist, und Parelli sowieso, denn es gibt ein paar unschöne Videos auf *YouTube* von ihm. Verschiedene Stufen des Spiels sollen bei dieser Methode das Pferd auf unterschiedliche Weise schulen. Manche Pferde machen das mit, andere verweigern sich rigoros.

Unsere Einhornreiterin kommt an diesem Tag mit einem Stapel Bücher heim, die all diese genannten Mysterien für Uneingeweihte ein wenig aufklären. Manche dieser Werke müssen jedoch mit DVD und Schritt-für-Schritt-Anleitung geliefert werden, damit man sie überhaupt versteht. Und selbst das reicht manchmal nicht, da muss schon der zertifizierte Reitlehrer kommen.

Letzteres ist unserer Einhornreiterin aber viel zu teuer, wenn sie sich die Preise so ansieht. Ihr Mann hat schließlich klar zu verstehen gegeben, dass ihre Reiterei einen gewissen Betrag X nicht zu überschreiten hat. Mit so einem ausgebildeten Reitlehrer täte sie das auf jeden Fall.

Das Einhorn hat zwar immer noch keinen Sattel und ist auch noch gar nicht wirklich angeritten, aber es wird trotzdem endlich mal Zeit, sich für ein paar grundlegende Dinge zu entscheiden. Gebisslos oder Gebiss?

Die Einhornreiterin entscheidet sich zunächst für gebisslos – man kann ja immer noch eins draufmachen, wenn man ein Turnier mitgeht. Denn egal, was die Schaninn sagt: Sie liebt ihr Einhorn und kann ja wohl auch mal ein Turnier mitgehen, ohne dass sie es nur als Sportgerät sieht. Trotzig nickt sie sich selbst zu. Außerdem muss die Schaninn das ja nie erfahren.

Wäre das schon mal geklärt.

Dieses Join-Up hingegen ist ihr zu kompliziert, was soll das überhaupt bewirken? Und im Internet steht ja auch, dass das nur Profis machen sollen und selbst die am besten gar nicht. Ist also auch gestorben, das möchte die Einhornreiterin nicht. Die arme

White Pearl Of Silver Moon hat danach ja auch völlig verwirrt ausgesehen, das möchte sie nicht noch einmal erleben. Sogar beim Longieren war sie netter.

Longieren möchte die Einhornreiterin jetzt öfter, da liest man nämlich nur Gutes drüber. Das soll klug machen und auch die Gänge verbessern und den Rücken. Vielleicht eine Doppellonge einkaufen, wenn sie sowieso morgen einen Sattel shoppen geht? Ja, doch, das muss sie machen, weil im Internet nämlich auch steht, dass das Pferd erst einmal Rückenmuskeln aufbauen muss, bevor sie darauf herumreitet. White Pearl Of Silver Moon hat nicht so gute Muskeln, das hat sogar die Vorbesitzerin gesagt, weil die sie ja nicht gearbeitet hat. Ist wie beim Menschen.

Morgen wird erst mal der baumlose Sattel gekauft.

Unsere Einhornreiterin schläft an diesem Tag mit gemischten Gefühlen ein. Gemischt deswegen, weil sie nicht so recht glauben will, dass Schaninns Gejoine irgendetwas gebracht hat, aber auch mit einem guten Gefühl, weil sie einen schönen Zwischenweg für sich gefunden hat. Es heißt doch immer, man soll über den Tellerrand schauen. Und ihr Pferd wird es ihr danken, da ist sie sich sicher. In ihren Träumen reitet sie bereits mit White Pearl Of Silver Moon durch Wiesen und Felder und sieht dabei unschlagbar gut aus.

Und auch mal heimlich auf einem Turnier. Muss die Schaninn ja nicht erfahren. Im Fernsehen läuft doch gerade die Übertragung aus Aachen. Da sieht sich unsere Einhornreiterin auch demnächst.

Wie sie piaffierend mit White Pearl Of Silver Moon einreitet und sich im Applaus der Massen sonnt. Die böse Kandare ignoriert sie in ihren Träumen natürlich. Sie würde die ja nie so schlimm benutzen, wie die gemeinen Dressurreiter das sonst tun. Da liest man ja auch viel im Internet von.

Aber nun heißt es erst einmal früh einschlafen. Morgen möchte sie schließlich endlich auf ihrem Einhorn reiten.

KAPITEL 10:
DER REIT-TROLL ODER:
WIE MAN MÖGLICHST VIEL DRAMA
IN EINEN GANZEN PONYHOF PACKT

Bevor die Einhornreiterin am nächsten Tag in den Stall fährt, wirft sie doch noch schnell einen Blick ins Internet. Man möchte sich schließlich weiterbilden und sich mal umhören, wie andere ihre Pferde angeritten haben – in Ermangelung von Erfahrungsberichten über Einhörner natürlich, denn scheinbar hat niemand außer ihr eins. Was sie sogar ein Stück weit stolz macht. Das letzte Einhorn, quasi.

Sie staunt nicht schlecht, wie gut die Leute im Internet alle sind, was die für Bilder posten und wie klug sie ihre Pferde anreiten. Ganz ohne Hilfe. Vielleicht hätte sie in der Reitschule mehr aufpassen sollen? Unsere Einhornreiterin ist plötzlich verunsichert. Ist sie denn wirklich so gut wie die Leute im Internet?

Es gibt sie natürlich überall, auch in diesen Diskussionen auf *Facebook*: die berühmten Trolle. Die gibt es ja sogar im realen Leben. Ihr kennt doch sicher diese Leute, die immer alles können, alles kennen und scheinbar auch alles essen. Aber bei den Reitern ... uff, also, da wird es abenteuerlich. Es reicht manchen Mädchen nämlich nicht, einfach nur ein Pflegepferd zu haben, das sie zweimal die Woche dank Muttis Geld reiten dürfen. Es reicht ihnen auch nicht, die langweiligen Schulpferde zu reiten. Also, im Grunde reicht es schon, aber sie meinen, es reiche nicht, um sich im Internet zu profilieren.

Dabei ist das wirklich merkwürdig, denn man erlebt eigentlich nie, dass jemand gemobbt wird, weil er nur eine Reitbeteiligung hat und kein eigenes Pferd. Wir haben uns schon ganz lange von der Etepetete-Mentalität entfernt, wo nur die reichen Mädchen Pferde haben und den Rest wie Dreck behandeln. Jedenfalls virtuell. Im Reitstall nicht! Oh nein. Aber den Leuten dort kann man halt auch nichts vorlügen, wenn man da auf seinen Schulpferden ständig den Dressurcracks mit der zweihundertsten Schibbi-Schabbi Platz machen muss.

Aber wie trollt man möglichst effektiv? Unsere Einhornreiterin soll schließlich etwas lernen. Ein bisschen Schummeln ist ja immer dabei. Und die vielen Leute, die die *Facebook*-Seite von White Pearl Of Silver Moon in Zukunft besuchen werden, sollen vor Ehrfurcht geradezu erstarren.

Nachfolgend deshalb eine kurze Anleitung, sozusagen Verbesserungstipps für angehende Trolle.

Zuallererst: Man klaut nicht aus gängigen Pferdeforen Bilder. Das kriegt schnell jemand mit. Und man nimmt am besten auch nicht das erste Bild, das bei *Google* angezeigt wird, wenn man »hüpsches Färt« eingibt. Kriegt auch über kurz oder lang jeder raus.

Dann sollte man schon mal gar nichts von Turnierergebnissen schreiben. Die kann man nämlich einsehen, wenn man einen Pferdenamen dazu nennt. Besser fährt man mit irgendwelchen Pferden aus Verbänden, die nicht jeder Hanswurst googeln kann. Als ob jemand »Black Thunder Storm Cat Dark Shadow Assassin Raven« aus dem usbekischen Jockey-Club nachverfolgen könnte. *Das* wäre mal klug.

Aber nein, die Trolle machen alle dieselben Fehler. Richtig peinlich wird es dann, wenn sie behaupten, sie wären irgendeine prominente Persönlichkeit. Klar, Olympiasieger posten bei *Facebook* in einer Ponygruppe. Äußerst realistisch. Auch die Frage nach der Reitanlage sollte man ganz anders gestalten. Reiter wittern Trolle schnell, entsprechend klug sollte man mit seinen Infos umgehen.

Die Pferde stehen am eigenen Haus, man ist in keinem Reitverein, und das Pferd darf nicht im einen Thread »Gustav« und im nächsten »Annegret« heißen. Wenn unbedingt Fotos hermüssen, dann klaut man die im letzten Winkel des Internets und betet, dass die niemand wiedererkennt. Postkarten sind nämlich auch nicht sonderlich glaubwürdig.

Und wie trollt ein mittelmäßiger Internet-Troll im Allgemeinen so? Wie sieht es aus, wenn Verbesserungsbedarf beim Trollen besteht? Das kommt darauf an.

Hat der Troll Mut? Wenn ja, etwa so:
»Ich habe sieben (hier beliebige Lieblingspferderasse der Vierzehnjährigen einsetzen), die sind soundso alt und soundso groß und kön-

nen mindestens M-Springen und S-Dressur. Ich selbst bin 29 Jahre halt, habe das XYZste Reitabzeichen und reite jedes Wochenende Turniere. Gestern waren wir 1. in Hintertupfingen auf dem Turnier. Aber da war meine Superduperstute Golden Superstar Of Dark Angel total doof bei der Siegerehrung, obwohl sie schon fünfzehn Schleifen bekommen hat. Hat jemand Tipps, wie sie stillhält bei der Siegerehrung?«

Die Wahrheit: Teeny ist schon einmal einen Reiterwettbewerb mitgeritten und hat dort den Trostpreis bekommen. Aber ihr Pflege-Haflinger hält beim Hufauskratzen nicht still. Das ist blöd!

Vorsichtigere Zeitgenossen gehen es eher so an:
»Ich reite in einer Reitschule. Da ist ein schwarzer Hengst, der wird vom Reitlehrer ganz schlimm misshandelt und geht da keinen Meter mehr. Aber wenn ich drauf sitze, dann geht der S-Dressur und ist das liebste Pferd von der Welt. Andere Leute lässt er aber gar nicht mehr drauf. Mein Reitlehrer will ihn jetzt zum Schlachter bringen. Kann er mir den nicht schenken? Soll ich ihn mal fragen? Ich bin ja die Einzige, die mit ihm klarkommt!«

Die Wahrheit: Der Reitlehrer hat dem Teeny-Girl gesagt, dass es zu fett ist für Reitschulpony Pucki, und deswegen darf es das Tier nicht mehr reiten.

In beiden Fällen werden die anderen User der *Facebook*-Gruppe oder des Forums schon mal mit einem genervten »Sind schon wieder Ferien?« antworten. Solche Vorfälle häufen sich in dieser Zeit nämlich tatsächlich.

Viel gewiefter sind da schon die Trolle, die in artfremden Foren oder Gruppen mit ihrem Hobby angeben. Dort können den Wahrheitsgehalt ihrer Aussagen ja nicht so viele überprüfen, denn die haben schlicht keine Ahnung.

Da wird's dann sehr spannend, wenn der erste echte Reiter mal reinliest und sich nur denkt: *Was?*

Was passiert aber nun, wenn der Troll erwischt wurde? Na, richtig: Er löscht sich. Allerdings kommt er wieder. Mit ein paar neuen Wahrheiten. Er hält es *nie* lange vor der Tür aus. Diese Leute tun dann sehr unschuldig, und natürlich sind sie nie vorher User XYZ gewesen, sondern haben sich immer User ABC genannt und sind auch ganz neu hier. Ja, ja … Blöderweise haben manche Nutzer Spaß daran, die Trolle dann ein bisschen zu foppen, und machen immer so böse Andeutungen. Da muss die entsprechende Person sich meistens dann gleich noch mal löschen.

Unsere Einhornreiterin muss zum Glück gar nicht so schlimm trollen, die hat ja wirklich ein Pferd. Aber es sollte sich bei ihr natürlich schon besser anhören als: Ich habe gestern mein Pferd longiert, es lief aber ziemlich schlecht. Denn bei den anderen Mädels im Internet klingt das immer viel besser.

Nun, immerhin hat sie im Gegensatz zu den anderen Trollen ein Einhorn und kann damit künftig auch ordentlich angeben. Wieso eigentlich nicht?

Die Einhornreiterin hat nämlich schon viel von diesen Webstars gehört, das sind Mädels mit Pferden, die riesige Fangemeinden haben, wo jeder Schritt bejubelt und jede Schabracke diskutiert wird. Und die bekommen Sachen geschenkt! Von Sponsoren. Das wäre doch mal was … Dieses Reitzeug ist nämlich ganz schön teuer, wenn man mal ein paar unterschiedliche Farben nutzen will. Oder verschiedene Sättel.

Die Einhornreiterin überlegt hin und her, schreibt ein paar Texte vor, verwirft sie aber wieder. Ein Bild hat sie auch gemacht, es zeigt allerdings nur ziemlich schief ihr Einhorn, in einer ungünstigen Position, wo man die Rippen zählen kann. Zum Glück gibt es Filter beim Handy. Und ausschneiden kann man das auch. Heraus kommt eine überbelichtete, strahlendweiße Silhouette, am Bauch wird weichgezeichnet, sodass man die tolle Oberlinie des Halses sieht sowie das Horn. Den edlen Araberkopf erkennt man ebenfalls. Schnell noch den Modus auf Schwarzweiß gestellt, und fertig ist das neue Bild, das man den mittlerweile sechs Anhängern präsentieren kann.

Vielleicht noch einen schönen Pferdespruch draufklatschen? Natürlich garniert mit Kommafehlern, so wie die Dinger eben immer im Internet rumgeistern. Rechtschreibung ist nicht so der Hit bei coolen Pferdemädels.

Unsere Einhornreiterin startet einen letzten Versuch, einen klangvollen Text zu verfassen:

»Gestern habe ich White Pearl Of Silver Moon longiert. Sie lief ruhig und entspannt und wir werden morgen einen ersten Reitversuch wagen, wenn der Sattler da war. Sie ist sooo lieb, immer voll dabei und macht ihre Sache großartig. Ich liebe mein Einhorn!«

Ja, doch, das klingt gut. Hat ja keiner gesehen, dass White Pearl Of Silver Moon mehr Brummkreisel als Pferd war. Und das Join-Up von der Schaninn braucht sie ja auch nicht zu erwähnen.

Fröhlich klickt sie auf »Veröffentlichen« und freut sich auf die vielen Likes, die bald auf sie einprasseln werden, während sie sich anzieht. Denn bald kommt ja der Sattler!

KAPITEL 11:
DER SATTLER HAT VIEL WENIGER AHNUNG ALS DAS INTERNET

Am Stall angekommen, ist zwar von White Pearl Of Silver Moon nichts zu sehen (und auch von Schaninns Pferden und den anderen Einstellern nichts), aber das macht ja nichts. Erst einmal bezieht unsere Einhornreiterin nämlich die Sattelkammer, wo sie viel Platz für ihre Kollektion an Trensen braucht. Und einen guten Ort für die wunderbaren Schibbi-Schabbis braucht sie auch. Allerdings ist nicht genug Platz dafür da, das merkt sie auf den ersten Blick, denn wer Nobel-Schibbi-Schabbis kauft, der muss sie auch ansprechend präsentieren. Bei den Preisen ist das quasi Pflicht.

Vielleicht nachher mal mit Schaninn drüber reden, wie sie sich vornimmt.

Als sie eingeräumt hat, hört sie auch bereits das Auto auf dem Hof. Der Sattler ist endlich da. Ein netter Herr mit einer schier unendlichen Auswahl an Sätteln, wie er ihr durch die geöffnete Transportertür zeigt. Toll! Also, wenn der nicht was für das künftige Starpferd hat, dann weiß sie auch nicht.

White Pearl Of Silver Moon ist gottlob auch mal näher gekommen, sodass unsere Einhornreiterin sie von der Weide holen kann. Zwei fette Haflinger turnen ebenfalls am Zaun umher. Und eine kleine Fuchsstute, die sie noch gar nicht kennt. Hat ein paar Punkte am Hintern, sodass unsere Einhornreiterin sie als Westernpferd identifizieren kann.

Der Sattler stellt sich als Dieter vor und begutachtet bereits das Einhorn.

»Die ist aber von der Muskulatur her ziemlich schmächtig«, sagt er.

»Ja, die ist noch nicht angeritten«, erklärt unsere Einhornreiterin stolz. »Das kommt aber jetzt, wenn ich einen Sattel habe.«

White Pearl Of Silver Moon legt die Ohren an, während der Sattler um sie herumgeht und anschließend die Einhornreiterin bittet, die Stute doch mal antraben zu lassen. Warum will der denn so was?

»Wann hat die denn das letzte Mal einen Schmied gesehen?«, fragt er so komisch.

»Ich habe die gerade frisch gekauft und noch keinen Schmied«, antwortet die Einhornreiterin gewieft. Da kann sie ja nun nichts für.

»Ich glaube, die braucht vorne Eisen, die eiert ziemlich.«

Also so was! Ist der Sattler oder Schmied? Unsere Einhornreiterin stellt jedenfalls gerade seine Qualifikationen in Frage. Überhaupt, der ist sehr unbequem!

»Haben Sie denn auch etwas Baumloses?«, fragt sie.

Dieter verneint. »Nein, derzeit habe ich keinen. Da müsstest du am besten direkt Barefoot kontaktieren.«

Barefoot, aha … Auch das merkt sie sich, denn wer weiß, für was man das noch brauchen kann.

»Ich habe hier einen schönen Kieffer, der ist kurz. Da kannst du ja keinen langen Sattel draufmachen, guck mal, wo die Rippen aufhören.«

Das weiß unsere Einhornreiterin zwar nicht, aber sie guckt mal zu, wie der Sattler den braunen Sattel draufhievt und ein wenig Abstand nimmt.

»Neee«, sagt Dieter kopfschüttelnd. »Der passt nicht in der Schulter, den brauche ich gar nicht zu gurten.«

Die Einhornreiterin ist völlig verwirrt. Das ist ja wie eine fremde Sprache! Also, der Kieffer nicht. Na gut. Braun findet sie jetzt eh nicht so schön für einen Schimmel. Das passt auch gar nicht zu ihrer Schabbi-Kollektion.

Dieter schleppt einen neuen Sattel heran – schwarz, glänzend. Super, der passt auch zu den neuen Stiefeln!

»Was ist das für einer?«, fragt sie.

»Ein Passier.« Das spricht er ganz französisch aus. Klingt auf jeden Fall toll.

»Hast du einen Sattelgurt da?«

Oh … Also, den hat unsere Einhornreiterin in ihrer Weitsicht vergessen zu kaufen.

Aber der Sattler hat zum Glück noch einen Gurt, und White Pearl Of Silver Moon lässt sich damit auch relativ gut satteln. Wenn man unter »gut« versteht, dass sie den Sattler nicht trifft, obwohl sie versucht, ihn zu treten.

»Der ist auch sehr bequem für dich«, packt Dieter aus. »Das ist ein super Dressursattel für den Anfang. Allerdings musst du den nachpolstern lassen, wenn du anfängst, mit ihr zu arbeiten, weil sich die Muskeln verändern.«

Hm ... kann der das nicht direkt machen? Wieso will der denn jetzt wiederkommen? Ist unsere Einhornreiterin an einen Abzocker geraten? Also, das will sie nachher mal lieber googeln.

Der Dieter nennt auch einen ganz schön unverschämten Preis, der will nämlich 400 Euro für das gute Stück haben. Kriegt man den im Internet nicht günstiger?

»Das erste Mal aufpolstern mach ich umsonst, da komm ich noch mal rum, wenn ich sowieso in der Nähe bin, und schaue mir die Muskulatur noch einmal an«, erklärt er.

Die Einhornreiterin nickt das ab und gibt ihm auch die 400 Euro. Vielleicht ist das ja einfach so.

Seufzend schaut sie zu, wie Dieter seinen Van wendet und vom Hof fährt, während White Pearl Of Silver Moon mittlerweile entnervt mit den Hufen scharrt.

Nun, wenn der Sattel jetzt schon drauf ist, dann kann sie ja auch ein bisschen longieren. Auch wenn sie nicht so wirklich geputzt hat.

Schnell nimmt die Einhornreiterin die Longe vom Haken und geht mit White Pearl Of Silver Moon wieder auf das abgetrennte Stück, dass die Schaninn gestern abgesteckt hat. Aber das Einhorn hat richtig schlechte Laune, es keilt aus, bleibt stehen, wechselt die Hand, springt auf die Einhornreiterin zu und zerrt ihr die Longe aus den Händen. Hilfe! Was ist denn hier los?

Da erinnert sich die Einhornreiterin an einen *Facebook*-Post in einer Pferdegruppe: Das muss am Sattel liegen. Der passt überhaupt nicht. Das Pferd zeigt ganz eindeutig Anzeichen von Schmerz und will dem entkommen.

Dass ihr Einhorn vielleicht noch gar niemals einen Sattel auf dem Rücken hatte, das kommt der Einhornreiterin nicht in den Sinn. Zu viele *Facebook*-Posts und Foreneinträge warnen doch immer genau davor: Wenn der Sattel nicht passt, wird das Pferd krank.

Zehn Minuten hält sie das Debakel durch, doch dann gibt sie nach und entlässt White Pearl Of Silver Moon in ihre Freiheit.

Voller Empörung fährt sie nach Hause. Sie ist richtig wütend auf Dieter, der ihr diesen Schund für 400 Euro verkauft hat. Zum Glück hat sie noch schnell ein Foto geknipst, damit sie in einer Pferdegruppe um Rat fragen kann, ob der Sattel passt. Es wird ja auch Zeit, dass sich endlich mal ein Profi darum kümmert.

Wütend stampft sie in den heimischen Flur, hat gerade noch Zeit, ihre dreckigen Stiefel in die Ecke zu werfen, dann sitzt sie auch schon am Laptop und lädt das Bild bei *Facebook* hoch.

»Ich hatte heute einen Sattler da, aber ich glaube, meinem Einhorn passt der überhaupt nicht. Guckt euch das mal an. Anschließend hat White Pearl Of Silver Moon richtig schlimm gebuckelt, obwohl sie gestern noch total lieb war. Das liegt bestimmt am Sattel, oder?«

Mittlerweile hat die Einhornreiterin nämlich selbst vergessen, dass ihr Einhorn am gestrigen Tag gar nicht so toll zu longieren war, sondern eigentlich genauso schlecht wie heute. Aber da auf ihrer *Facebook*-Seite steht, dass alles super war, muss es das wohl auch gewesen sein.

Während sie die Nudeln für Mann und Kind aufsetzt, trudeln auch schon die ersten Antworten ein, denn Reiterinnen scheinen gerne an ihrem Handy oder ihrer Tastatur zu sitzen und lauern nur auf Gelegenheiten, sich im Internet zu profilieren.

Die Einhornreiterin wirft einen Blick auf den Laptop, denn das Nudelwasser kocht ja noch nicht mal. Und sie fühlt sich sogleich besser.

»Der passt ja hinten und vorne nicht, was war denn das für ein Stümper?«

»Dein Pferd hat ein Schmerzgesicht, guck mal, wie angespannt die Unterlippe ist!«

»Und die Augen. Das arme Ding.«

»Was hat es da am Maul und an der Stirn? Sind das Warzen?«

»Der Sattel sollte SO liegen.« – Hier ist eine Zeichnung mit vielen Pfeilen eingefügt.

Unsere Einhornreiterin ignoriert den Kommentar mit den Warzen geflissentlich – die Frau hat ja echt keine Ahnung, genauso wenig wie der Sattler.

Ob der Sattel so liegt wie auf der Zeichnung, kann man freilich nicht erkennen, denn White Pearl Of Silver Moon ist von schräg vorne zu sehen. Das macht aber den Profis, die die Geschichte diskutieren, gar nichts aus.

»So einem Sattler sollte man das Handwerk legen!«

»Was für ein Dilettant!«

Unsere Einhornreiterin ist schwer begeistert, dass ihre Meinung so tatkräftig unterstützt wird. Und sie schiebt auch gleich eine Frage nach: »Meint ihr, ein baumloser Sattel wäre besser?«

Da kommen endlich die Antworten, die sie hören will: »Ja, viel besser! Was ist denn das für einer auf dem Bild? Und was hast du bezahlt?«

So ganz genau kennt unsere Einhornreiterin die Bezeichnung für den Sattel nicht. Aber es ist ein Passier, wie sie dem aufgebrachten Mob mitteilt, der mittlerweile schon den Sattler Dieter lynchen will.

»Abzocker!«

»Bekommst du im Internet VIEL billiger, guck mal.«

Sie wird mit zwanzig eBay-Links zugeschmissen, über welche schöne Passier-Sättel zu haben sind. Für viel weniger Geld! Natürlich sind die etwas dreckig, aber sonst sind die super, die kann man noch nehmen. Kleinere Schönheitsfehler, Schrammen oder abgenutzte Stellen, was ist das schon unter Amigos?

Aber es kommen auch andere Leute, die bieten direkt baumlose Sättel an. Da muss nur noch ein Pad drunter, und es passt jedem Pferd! Man muss nur gucken, dass die Wirbelsäule frei bleibt. Gar kein Thema, das Pad gibt es gleich dazu. Und wie günstig das ist. 120 Euro für einen fast neuen Sattel! Toll!

Unsere Einhornreiterin guckt gar nicht weiter, die kauft einfach! Und die Verkäuferin versichert den Expressversand, der kostet zwar Aufpreis, aber White Pearl Of Silver Moon braucht endlich einen passenden Sattel – und der doofe Dieter kann sich seine Polsterei auch in die Haare schmieren. Der Sattel wird morgen zurückgegeben!

Es ist ein Kampf, den der Sattler *immer* verliert. Schreibt es euch hinter die Ohren und ergreift am besten heutzutage nicht mehr den Beruf des Sattlers. Ihr seid sowieso schlecht und habt keine Ahnung, und einen Blindenhund braucht ihr obendrein. Ahnungsloses Rattenpack. Sattler wollen den armen Reitern nur die Kohle aus den Taschen ziehen, aber niemals ihre Arbeit machen.

Überhaupt ist es doch viel günstiger, *Facebook* zu fragen, denn das kostet nichts, und man kann sich nach dem günstigen Sattel aus dem Internet den Sattlertermin sparen. Ist super – wenn das Internet einen Sattel als passend gekürt hat, dann passt der auch. Also auf zum Rumjuxen!

Es ist in der Tat sehr spannend, ein Foto mit Sattel einzustellen und zu fragen, ob er passt, denn bei den Antworten ist *alles* dabei. Von »Passt super« bis zum Aufschrei »Tierquälerei!« – bei Sattelfotos ist alles möglich. Auch bei auf den ersten Blick völlig unpassenden Sätteln gibt es immer noch irgendeine Hohlfritte, die sagt, dass dieser Sattel auf jeden Fall passt. Oder passen würde: Mach halt ein Polster drunter.

Da stellt man also nichtsahnend sein Bild ein, wie es die Einhornreiterin gemacht hat. Großer Fehler!

»Der Sattel wackelt!«
Und wären wir bei *Harry Potter*, wo sich Fotos bewegen, könnte man das auch sehen!

»Der Sattel passt nicht an der Schulter.«
Gegenfrage – wo hat das Pferd die Schulter? Wissen viele nicht einmal.

»Der Sattel steht ab.«
Der Schweif auch. Schon mal davon gehört, dass so ein Sattel aus einem Karton sich erst mal ausliegen muss?

»Der passt nicht, da ist ein Pad drunter.«
Pauschal immer. Vorderzeug – Sattel passt nicht. Pad drunter? Sattel passt nicht. Es ist völlig egal, wenn das Pferd vielleicht hohe Sprünge geht und das Dingen rutschen könnte – nein, der Sattel passt nicht. Würde er passen, würde er nämlich nicht rutschen.

»Der Sattel drückt auf den Widerrist.«
Kann man super auf einem Foto von der Seite sehen. Am besten, wenn man nicht mal weiß, wie das Pferd ohne Sattel aussieht.

»Der Sattel ist zu lang.«
Egal, was der Sattler gesagt hat, und egal, wie das abgemessen wurde, eigentlich sind alle Sättel zu lang ... wenn man Facebook glaubt.

»Nimm doch besser einen baumlosen Sattel.«
Der passt schließlich immer ...

Haben wir all die tollen Tipps dann gehört und uns schon verflucht, diesen Sattel gekauft zu haben, gehen wir zum Sattler und lassen den mal machen. Danach sieht es für das eigene Verständnis auch gut aus.

Postet man dann jedoch ein weiteres Foto, erhält man dieselben Kommentare. Die erhält man allerdings auch mit einem Maßsattel für tausende von Euro oder bei einem Fellsattel, ach, eigentlich bei jedem Sattel, sofern man die Frage stellt, ob der passt. Die Antwort ist *immer* nein. Außer beim Baumlosen. Der passt ja immer ... Wenn man nur genug Pads drunterpackt. Schon komisch, die, die baumlos so vehement verteidigen und ständig von Pads sprechen, die moppern immer am meisten rum, wenn es heißt, dass man ein Pad bei einem Baumsattel nimmt.

Wir sehen also, dass die Einhornreiterin nur eines tun kann: Den Sattel zurückgeben, denn es wird ja nicht besser, wenn der Sattler erneut draufschaut.

Jedenfalls nicht, wenn man *Facebook* fragt.

Mittlerweile sind die Damen in der *Facebook*-Diskussion bei Sätteln im Allgemeinen angekommen und hetzen auch hier ordentlich.

Wintec! Wintec passt nie, alle Pferde, die einen Wintec-Sattel haben, sind des Todes, und wer Wintec-Sättel kauft, ist eh blöd und sollte das Förmchen im Sandkasten mal gehörig auf den Kopf geschlagen bekommen. Man merke: Bloß keine Bilder mit Wintec einstellen.

Aber es gibt ja auch die Prestige-Marken, und zwar am besten im Zusammenhang mit einer schönen Schibbi-Schabbi aus der vielzitierten neuesten Nobel-Kolli und ein paar feschen Bandagen. Das Ding glänzt immer, blinkt immer, und es passt auch immer. Es muss passen, es war teuer, verdammt noch mal!

Und Westernsättel, die passen zum Glück auf jedes Pferd, denn Westernpferde kommen alle aus einer Gussform, dafür sind die Sättel ja da. So macht man das. Ist er ohne Horn, ist er billig. Er muss billig sein, echte Sättel haben Horn. Der Rest ist Ramschware.

Ernsthaft, warum gibt es diese Sattler eigentlich überhaupt noch? Das Internet weiß doch alles!

KAPITEL 12:
DAS EINHORN WIRD ANGERITTEN

Mit der Schaninn und dem neuen Sattel im Gepäck lernt unsere Einhornreiterin auch endlich mal eine andere Einstellerin auf dem Hof kennen, die mit dem Westernpferd. Das ist bestimmt die, von der Schaninn so geschwärmt hat, die kann gut mit jungen Pferden. So ganz jung ist das Einhorn zwar gar nicht mehr, aber das ist völlig nebensächlich.

»Die Beate macht das jetzt!«, erklärt Schaninn und lässt sich den baumlosen Sattel reichen. Der ist so schön leicht und hat auch ein tolles Pad. »Das ist viel einfacher, als wenn du das machst, du hast ja noch nie ein Pferd angeritten.«

»Klar«, stimmt unsere Einhornreiterin zu. Muss sie ja bei *Facebook* nicht erwähnen. Sie hat nämlich inzwischen schon zwanzig Likes! Wenn das mal nichts ist. Die Webstars hat sie jedenfalls nicht vergessen. Vielleicht bekommt sie ja einen Maßsattel, wenn sie erst mal selbst einer ist. Aber bis dahin muss es der Baumlose tun.

»Die ist aber zickig«, ruft die Beate, während sie White Pearl Of Silver Moon bereits am Knotenhalfter hat und sie hierhin und dorthin führt. Um »die Reaktionsfähigkeit einschätzen zu können«, wie sie erklärt. Die Beate ist ja Westerntrainerin. Und die wedelt auch wunderbar mit dem langen Seil, was White Pearl Of Silver Moon dazu verleitet, zähnefletschend rückwärts zu gehen. Immerhin geht sie rückwärts.

»Die ist aber dominant«, sagt Beate.

Dominant … Ja, davon hat unsere Einhornreiterin auch schon gelesen, das sind manche Pferde, meistens Stuten oder Hengste, die wollen sich einfach nicht unterordnen.

»Da musst du immer strikt sein. Aber auch viel loben, damit die mitmacht.«

Loben kann die Einhornreiterin schon mal, kein Problem. Hinten in der Futterkammer liegt ja schon ein riesiger Sack mit Leckerlis.

Böse funkelt White Pearl Of Silver Moon erst Beate, dann Schaninn und dann die Einhornreiterin selbst an. Irgendwie findet die das alles gar nicht witzig.

Aber Beate hat mittlerweile schon den tollen baumlosen Sattel aufgelegt, der zumindest nicht mit noch mehr Ohrenanlegen quittiert wird. Allerdings auch nur, weil noch mehr gar nicht geht. Die sind ja schon auf dem Mähnenkamm.

Ein bisschen am Knotenhalfter gezerrt, weil das verdammte Einhorn nicht stillstehen will, aber dann sitzt der Sattel endlich.

»Ja, der sieht gut aus«, kommentiert die Schaninn fachmännisch mit Kippe und Kaffee vom Zaun aus. Hat sich auch gleich einen Gartenstuhl geholt und guckt mit einem Auge zu, während unsere Einhornreiterin ganz aufgeregt alles beobachtet.

»Wir müssen jetzt erst mal die Rangfolge klären, danach versuche ich mich mal draufzusetzen. Nur ganz kurz, die hat ja noch keine Muskeln.«

Klar. Hat unsere Einhornreiterin auch verstanden, ist es aber leid, das zu hören. Ab morgen wird Fitnesstraining gemacht, auch wenn sie dann am Tag zweimal kommen muss. Kann man da eigentlich etwas zufüttern? Bestimmt – sie wird gleich noch mal bei *Facebook* oder im Pferdeforum fragen.

Unterdessen ist White Pearl Of Silver Moon richtig genervt von Beate, die einige Mühe hat, die aufgebrachte Stute zu halten.

»Die muss erst mal Respekt lernen«, blafft Beate in Richtung Zaun, wo die Schaninn mittlerweile Kette raucht, weil's so spannend ist.

»Gib mir mal die Peitsche«, fordert Beate die Einhornreiterin auf.

»Bist du sicher?«, fragt die nervös. »Ich glaube, das mag sie nicht.«

»Ja, aber wenn du sie jetzt lässt, dann verziehst du sie völlig. Die muss auch mal merken, dass es so nicht geht.«

Die Einhornreiterin verfolgt das Geschehen bang, denn White Pearl Of Silver Moon ist richtig sauer, steigt und buckelt, tritt und keilt aus, die versucht einfach alles, um Beate loszuwerden.

Aber Beate … also, die ist schon irgendwie cool. Ein echtes Cowgirl, denn die lässt sich gar nicht von dem Theater beeindrucken. Die haut mal mit der Peitsche auf den Boden, und irgendwann ist White Pearl Of Silver Moon gnädig und trabt manierlich.

Da wird auch schnell ein Foto von geknipst. Sieht das Einhorn nicht suuuper aus? Doch, ja, das wird sogar live und in Farbe direkt auf die Einhorn-Fanseite gepostet, damit die Abonnenten sofort benachrichtigt werden.

»Halt mal«, ruft Beate und schmeißt den Strick in Richtung Einhornreiterin. »Du musst Druck aufbauen, wenn die nervt. Damit die die Rübe runternimmt.«

Okay, über Druck hat sie schon mal etwas gelesen, das ist gar kein Problem, denkt die Einhornreiterin.

Beate fuchtelt mit den Steigbügeln aus Plastik herum, die sind nämlich nicht so schwer, sodass die das Einhorn nicht stören, wenn sie herumbaumeln. Hat die Verkäuferin jedenfalls so angepriesen.

White Pearl Of Silver Moon begrüßt die Einhornreiterin wie immer mit angelegten Ohren, aber sie schnappt mal nicht. Ein bisschen geschwitzt hat sie auch. Jetzt ist sie wahrscheinlich müde, also ideal zum Ausprobieren.

Beate schnappt sich einen Plastikkasten und legt sich auf das Einhorn, das unsicher einen Schritt zur Seite geht.

»Das darf die nicht«, schimpft sogleich das Cowgirl. »Zieh mal am Strick.«

Macht die Einhornreiterin aber nicht, weil White Pearl Of Silver Moon schon wieder drohend das Gebiss zeigt.

Beate hievt sich über den Sattel und hängt da wie ein Schluck Wasser in der Kurve, wackelt albern umher und trommelt auf dem Sattelblatt herum.

Das Einhorn ist entweder spontan verstorben oder aber wirklich so gutmütig, wie die Cindy es behauptet hat, denn es macht gar nichts, außer böse zu gucken. Todesmutig schwingt Beate sich nun vollständig auf seinen Rücken.

White Pearl Of Silver Moon macht wieder einen Schritt zur Seite, da schimpft die Beate schon wieder wie ein Rohrspatz los. Was für ein nerviges Einhorn!

Die Einhornreiterin ist trotzdem zufrieden, als sie Beate eine Runde führen kann. Das Einhorn sieht auch entspannter aus als vorher. Hat die Cindy nicht auch gesagt, dass sie schon mal einen Sattel drauf hatte?

»Gib mal«, verlangt Beate und lässt sich den langen Strick reichen. Stößt White Pearl Of Silver Moon mal mit den Beinen zum Test an.

Das Einhorn kontert und zeigt auch mal Bein. Irgendwo in eine undefinierbare Richtung, während die Schaninn in ihr Pausenbrot kichert, das sie sich von zu Hause mitgebracht hat.

Beate stupst wieder, dieses Mal drastischer, und siehe da, das Einhorn setzt sich in Bewegung.

Die Einhornreiterin klatscht begeistert in die Hände und freut sich. Da kann sie ja morgen mal ausreiten gehen. Oder mit der Dressurarbeit beginnen? Jedenfalls ist die Nummer mit dem Muskeln aufbauen deutlich in den Hintergrund getreten. Die kommen doch von selbst, wenn sie reitet. *So* schnell! Mensch, ihr Einhorn ist wirklich klasse.

Beate fuchtelt mit dem Strick umher und pufft und drückt mit den Schenkeln, sodass White Pearl Of Silver Moon sogar antrabt. Hinten schlufft sie ziemlich, aber vorne paddelt sie richtig toll. Fast ein bisschen wie die schönen Dressurpferde im Fernsehen. Als sie nach einer Fliege schnappt, nimmt sie für einen Moment sogar mal den Kopf zur Brust. Sieht ja schon irgendwie toll aus.

Zum Glück hat die Einhornreiterin das mit ihrem Handy erwischt, das muss heute Abend nur noch ein bisschen bearbeitet werden und kann dann den Fans präsentiert werden.

»Willst du jetzt auch mal?«, fragt Beate.

Klar will sie! So schnell kann Beate auch gar nicht aus dem Sattel hüpfen, wie unsere Einhornreiterin schon das Tier erklommen hat.

White Pearl Of Silver Moon ist ein bisschen muffig, sie tänzelt, aber mit ein bisschen Zerren am Knotenhalfter gibt sich das auch wieder.

Aufgeregt treibt sie das Einhorn an, das jedoch prompt stehenbleibt. Unsere Einhornreiterin tut spontan so, als wäre genau das ihr Anliegen gewesen, und ruft: »Kannst du mal ein Foto machen? Für *Facebook*!«

Klar kann Beate. Die kommt, holt das Handy ab, knipst die Einhornreiterin und gibt es wieder zurück. Fertig für heute, schnell absteigen.

Weil Einhörner so super sind, müssen die auch gar nicht trockengeritten werden, das machen die ganz von selbst. Wie die Schaninn ja auch sagt, im Offenstall muss man weder trocken- noch warmreiten! Das ist das Beste am Offenstall. Diese nervig langen Einheiten, die machen doch keinem Spaß.

Unsere Einhornreiterin verstaut ihr neues Zeug in der Rumpelkammer, die sich Sattelkammer schimpft, und fährt mit glückseligem Grinsen nach Hause.

Es kann ihr alles gar nicht schnell genug gehen, also bearbeitet sie noch im Stau auf der Landstraße ihre Fotos, aber kommt nicht dazu, sie sofort zu posten, denn da geht es endlich weiter.

Das wird dann zuhause gemacht, wo sie stolz den mittlerweile 26 *Facebook*-Fans erklärt, dass White Pearl Of Silver Moon schon alles wie ein großes Einhorn macht. Sieht sie nicht toll aus, wie sie dahintrappelt?

Ein kritischer Kommentar ist aber schon beim ersten Bild dabei: »Wann war denn das letzte Mal ein Hufschmied da?«

Schnell postet sie drunter: »Der kommt bald.« Den hat sie in all dem Trubel nämlich völlig vergessen …

KAPITEL 13:
BARHUF, VOLLBESCHLAG UND GLITZERHUFE

Der Schmied ist ein leidiges Thema, denn Reiter sind natürlich auch hier die wahren Experten, und all diejenigen, die eine dreijährige Ausbildung zum Hufschmied genossen haben, die wollen ja nur Geld! Unverschämt, so ein Eisen kostet doch nichts. Und das bisschen Arbeit. Dreimal bei *Google* nachlesen, und schwupps, da ist man selbst Hufexperte.

Und dann gibt es ja noch die Wochenendkurse, nach denen sich jeder Mann und jede Frau »Hufpfleger« nennen darf, was wirklich schockierend ist. Die Bezeichnung ist, ähnlich wie einige andere Begriffe rund ums Pferdepersonal, nämlich nicht geschützt. Schon allein deswegen hilft es in diesem Fall tatsächlich, sich im Internet vorab ein paar Meinungen einzuholen. Nur ist das schwer, denn da gibt es ja, ähnlich wie bei Gebiss gegen Gebisslos, nur zwei Varianten: Beschlagen oder Barhuf.

Beim Beschlag ist es ganz einfach, da kommen vier oder zwei Eisen auf die Hufe, heiß oder kalt. Die werden angepasst, schützen den Huf des Pferdes dann vor Abrieb, und die empfindliche Sohle wird nicht dem direkten Bodenkontakt ausgesetzt.

Aber halt! Unsere Einhornreiterin findet bei ihren Internet-Recherchen die schockierende Wahrheit heraus: Das ist ja alles nur eine Erfindung der Schmiedeindustrie, damit die Schmiede nicht demnächst arbeitslos sind. Denn heutzutage weiß man längst: Barhuf ist viel gesünder. Genau wie Barfuß!

Leider wohnt nicht jedermann auf feinstem Sandboden, und es ist auch nicht jedes Pferd gleich. Manche haben Fehlstellungen, wodurch sich die Hufe schnell abnutzen, andere haben schlechte Hornqualität und können barhuf nicht ohne Schmerzen laufen.

Aber die Einhornreiterin ist eigentlich schon überzeugt, genauso wie vom baumlosen Sattel: Ein Barhufpfleger muss her. Günstiger ist das ja auch, schließlich sind die Eisen verdammt teuer, da kostet ja ein Vollbeschlag über hundert Euro. Und das muss ja nun wirklich nicht alle sechs Wochen sein.

Sie telefoniert fleißig herum und bekommt schließlich die Frau Sauer an den Apparat. Frau Sauer hat einen tollen Kurs gemacht und ist jetzt auf Kundensuche. Sie hat schon drei Stammkunden im Ort und liefert ihren Service ein wenig billiger, als es normal wäre, weil sie sich ja den Kundenkreis erst aufbauen muss. Dafür würde sie jeden Monat kommen, und unsere Einhornreiterin muss jedes Mal nur 20 Euro bezahlen. Super! Die hat bereits die Dollarzeichen im Auge. Viel günstiger als der blöde Schmied ist es sowieso! Gespartes Geld, das natürlich super in neues Equipment investiert werden kann.

Die Frau Sauer kann sogar heute schon kommen. Also schnell zum Auto gesprintet, denn die neue Hufpflegerin ist schon auf dem Weg. Da steht zwar eine komische Geschichte auf *Facebook*, nämlich die, dass Frau Sauer das betreffende Pferd lahmgeschnitten hat, aber die Kommentare darunter beruhigen unsere Einhornreiterin. Das kann doch jedem mal passieren. Und sieben Leute ohne Profilbild versichern auch prompt, dass sie mit dem Service von Frau Sauer zufrieden sind. Das passt doch alles!

Im Stall angekommen, trabt das Einhorn bereits zum Zaun, und die Reiterin ist mächtig stolz. Ist das die enge Bindung, von der im Internet immer geschwärmt wird? Hoffentlich!

Schon kurze Zeit später fährt auch Frau Sauer vor. Sie begrüßt die Einhornreiterin gutgelaunt und packt schon mal ihr Zeug aus, während das Einhorn eingesammelt wird.

Das quittiert die Stute gleich wieder mit angelegten Ohren. Wie so oft. Ist wohl normal. Scheint, dass sie einfach sehr entspannt ist, auch darüber hat die Einhornreiterin mal was gelesen. Wenn die Ohren hängen, dann ist das Tierchen entspannt!

Das Einhorn ist empört, als die Frau Sauer sich an seinen Hufen zu schaffen macht, und springt prompt fast über den Anbindebalken.

»Oh«, sagt da die Frau Sauer, »die ist aber empfindlich!« Und setzt noch mal an. Nur dank vieler Leckerlis lässt die Stute die Prozedur über sich ergehen.

Unsere Einhornreiterin probiert eine Taktik aus dem Internet: Ein guter Hufbearbeiter soll doch auch erklären können, was er da tut.

»Ich kürze die Zehe, die ist viel zu lang!«, erklärt prompt Frau Sauer und schnippelt herum. »Und hinten steht die auch etwas eng, da muss ich was korrigieren.«

Hat unsere Einhornreiterin nicht schon mal so was Ähnliches gehört? Die Frau scheint echt Ahnung zu haben, obwohl sie das ja gar nicht wissen konnte.

Zufrieden lehnt sie sich zurück, macht ein Foto für die *Facebook*-Seite, die schon allzu verwaist aussah seit gestern, und postet stolz: »Das erste Mal bei der Hufpflege.« Immerhin hat da ja gestern schon wer gemeckert. So können die gleich sehen, dass ihr das Einhornwohl am Herzen liegt.

Es dauert zwar eine Weile, aber irgendwann lässt die Frau Sauer den letzten Huf von White Pearl Of Silver Moon los und begutachtet ihr Werk.

»Nehmen Sie aber ja kein Huffett«, mahnt die Hufpflegerin. »Das macht ganz schlimme Hufe, und die sind eh schon nicht so gut.«

»Ich habe gar keins«, trumpft die Einhornreiterin auf, und Frau Sauer ist gebührend beeindruckt, wie aufgeklärt sie sich gibt.

»Dann ist es ja gut. Schauen Sie mal, wie die jetzt läuft, und dann gucken wir beim nächsten Termin noch mal. Am Anfang sind die vier Wochen aber zu lang, ich komme in zwei Wochen noch mal wieder.« Frau Sauer packt ihren Krempel zusammen und ist dann auch schon wieder weg. Das ging ja schnell.

Schnell checkt unsere Einhornreiterin noch einmal die Likes für ihre Seite (38!) und ist ganz begeistert über die vielen Kommentare.

»Du lässt dein Einhorn barhuf laufen? Finde ich gut!«

Mittlerweile nennt auch jeder White Pearl Of Silver Moon »das Einhorn«. Scheinbar ist das endlich bei ihren Fans angekommen, was unsere Einhornreiterin mächtig stolz macht. Sie hat die Seite schließlich: »White Pearl Of Silver Moon – das letzte Einhorn« genannt. Und das ist die Stute ja offensichtlich auch, denn bisher hat sie keine weiteren Einhörner gesehen.

Aber nun geht es ans Eingemachte. Die Einhornreiterin möchte ja künftig ihrem Namen gerecht werden und will heute auch mal eine Runde drehen. Ganz allein, ohne die Schaninn und die Westernreiterin.

White Pearl Of Silver Moon ist ja eh schon angebunden, da holt sie sich nur schnell den Sattel und das frisch gekaufte Sidepull, sodass sie gleich losreiten kann.

Das Einhorn droht ein wenig, lässt sich aber satteln. Und auch trensen, sodass die Einhornreiterin mit stolzgeschwellter Brust den frisch abgesteckten Platz betreten kann. Schade, dass das keiner sieht.

Gut, dass sie das Handy hat, da geht immerhin noch ein Selfie – das erste Mal auf dem Einhorn.

Noch ist sie allerdings gar nicht aufgestiegen, denn sie sucht noch die Aufstiegshilfe. Nun, dann eben nicht. Auch wenn sie natürlich dank des Internets weiß, dass es sehr schädlich ist, ohne Hocker aufzusteigen.

White Pearl Of Silver Moon bleibt artig stehen und wartet, bis sie den Fuß im Steigbügel hat. Dann buckelt sie los. Unsere Einhornreiterin schafft es gar nicht, herunterzufallen, denn sie ist ja streng genommen noch gar nicht aufgestiegen.

Das Einhorn bockt, und der Sattel rutscht nach hinten, was zur Folge hat, dass White Pearl Of Silver Moon noch mehr buckelt. Nur mit Müh und Not bekommt die Einhornreiterin die Zügel zu fassen und kann die Stute gerade noch bremsen, bevor sie zur nächsten Runde ansetzt.

Sattel runter, neu satteln, aber White Pearl Of Silver Moon ist jetzt schon so schlecht gelaunt, dass sie sich ziemlich heftig wehrt. Und auf den Fuß trampelt sie ihrer Besitzerin auch noch. Das tut verdammt weh!

Aber nur ruhig Blut. Auch auf diese Situation ist die Einhornbesitzerin vorbereitet, sie hat nicht umsonst genügend Foren-Posts über das Anreiten von Jungpferden gelesen. Daher weiß sie auch, dass es Rückschläge geben kann. Außerdem ist sie ja selber schuld, da war schließlich keine Aufstiegshilfe.

Sie bugsiert das Einhorn neben einen umgestürzten Baumstamm, und siehe da: Das schlechtgelaunte Tier lässt sie dieses Mal aufsteigen. Und geschwitzt hat sie auch schon. Damit ist sie ja auch warm, also kann die Einhornreiterin loslegen!

Ein bisschen Schenkeldruck, ein wenig Zügel, ein bisschen drastischerer Schenkeldruck, und White Pearl Of Silver Moon ist unterwegs. Glücklich lächelt die Einhornreiterin und trabt ihre erste Runde mit dem Einhorn, was sich allerdings sehr komisch anfühlt. Die nickt so merkwürdig mit dem Kopf. Ob das beim letzten Reitversuch auch schon so war? Da hatte sie ja keinen richtigen Überblick, sie hat ja nur von unten geguckt.

»Die erste Runde allein« – das Selfie folgt.

Allerdings pariert sie dafür lieber durch, weil das Nicken so nervt. Nachher ist womöglich der Kopf oder das Horn im Weg.

Das Einhorn schnaubt entspannt ab. Oder hat eine Biene verschluckt, den Unterschied kann die Einhornreiterin eh nicht hören. Schnauben ist gut – Punkt, Ende, aus!

KAPITEL 14:
IMMER DIESE KRITIKER

Nur wenige Tage später wird der eigene Mann zum Arbeiten verpflichtet – die Einhornreiterin braucht Reitbilder, um sie der Menschheit im Internet zu präsentieren. Unterdessen hat sie ja fleißig für sich und das Einhorn in verschiedenen Reitergruppen und Foren geworben, und die Fangemeinde ist auf eine stattliche dreistellige Zahl angewachsen. Weil sie auch selbst ein paar Seiten mehr geliket hat. Unter Pferdeleuten schimpft sich das nämlich »WggW« und ist eine Abkürzung für – nun, wofür die Buchstaben so genau stehen, weiß die Einhornreiterin gar nicht. Ist ja auch egal, es mögen 140 Leute White Pearl Of Silver Moon, und die wollen unterhalten werden. Da reicht es nicht, irgendwelche Bilder vom Longieren zu zeigen, da muss Stoff, aus dem die Träume sind, her.

Deswegen glänzt das Einhorn heute auch anlässlich des Herrenbesuchs ganz besonders, und in der Mähne befinden sich ein paar Blümchen. Schnell wird noch die schönste Schibbi-Schabbi unter das Baumlos-Pad gequetscht, es wird bandagiert und dem Mann befohlen, Videos und ein paar Fotos zu machen.

Gesagt, getan. An den Zwischenfall mit der nicht vorhandenen Aufstiegshilfe denkt sie auch, sodass es kein Problem ist, den Rücken des Einhorns zu erklimmen. Am Horn lässt das Tier sich nicht anfassen, deswegen sieht das immer noch etwas schmuddelig aus. Wie sandige Haut.

Die Warzen wurden mit Babypuder weggezaubert, und weil Sandra auch noch *Photoshop* vorbeigebracht hat, können das einfach nur märchenhafte Bilder werden.

Einen Reithelm hat sie immer noch nicht und will sie auch gar nicht, denn sie möchte frisch, luftig und frei aussehen. Dafür braucht man zwar eigentlich einen Halsring, aber so weit ist White Pearl Of Silver Moon einfach noch nicht. Da hat unsere Einhornreiterin wenigstens eine Entschuldigung für.

Das Einhorn ist heute irgendwie ganz anders. Viel braver. Viel ruhiger. Schön! Wenn das nicht ein perfektes Shooting wird …

Nur antraben will die Stute nicht. Die weigert sich vehement, wird sogar kurz richtig aufsässig und macht Anstalten zu steigen.

Kurz erinnert sich die Einhornreiterin an die Worte von Beate: »Der muss man zeigen, wer der Chef ist.«

Also treibt sie die Stute energisch vorwärts. Hat auch Wirkung, White Pearl Of Silver Moon steigt jetzt nämlich richtig.

Hoffentlich hat der Mann das auf Kamera, auch wenn es unfreiwillig war. Das wird direkt das Titelbild der *Facebook*-Seite!

Endlich setzt sich das störrische Tier in Bewegung, und unsere Einhornreiterin setzt sich fesch hin, versucht das komische Nicken zu ignorieren und posiert für die Kamera. Grinst, macht den Rücken gerade, wirft die Zügel beinahe weg, denn man soll ja am besten gar keinen Kontakt mehr zum Pferdemaul haben, wenn man einer dieser neumodischen Reiter voller Verständnis und Vertrauen ist. Und auf geht's!

»Das sieht aber komisch aus«, sagt der unbeteiligte Ehegatte.

»Was genau?«, will die Einhornreiterin wissen.

»Na, die geht total komisch. Die humpelt.«

»Nein, die muss sich einlaufen.« Das hat sie nämlich aus dem Vokabular der Frau Sauer, die hat davor gewarnt.

»Ach so«, macht der unwissende Mann und knipst artig weiter. Er hat es sowieso schon lange aufgegeben, sich mit seiner Frau herumzustreiten, wenn es um das Pferd geht – pardon, Einhorn! Auch da reagiert sie ausnehmend empfindlich. PMS eben. Das P steht für Pferd!

Knapp zwanzig Minuten reitet sie dahin, während das Einhorn Rücken und Kopf wegstreckt und immer stärker »nickt«.

Mittlerweile ist sich unsere Einhornreiterin nicht sicher, ob das wirklich besser wird. Ob man sie betrogen hat beim Einhornkauf? Immerhin hört man ja ständig so Geschichten, in denen Pferde fitgespritzt wurden, die eigentlich stocklahm sind. Nein, darüber will sie nicht nachdenken, und die Cindy hat ja eigentlich auch einen seriösen Eindruck gemacht. Und wenn da was nicht gestimmt hätte, dann hätte sich die Sandra doch gemeldet! Die hat Pferdeerfahrung.

Sie steigt ab und entlässt das Einhorn mit einem Leckerli.

»Meinst du, da ist was Gutes dabei?«, fragt sie ihren Mann.

Der zuckt die Schultern. Woher soll er denn wissen, wie so ein Einhorn gehen muss, damit es »gut« geht?

Die Einhornreiterin räumt ihre Sachen zurück in die Sattelkammer und zerrt auch prompt ihrem Gatten die Kamera aus der

Hand. Selbst ist die Frau, und da der eigene Mann ja auch keine Ahnung vom Reiten hat, kann sie schon mal auf der Heimfahrt selektieren, welche Bilder sich für künftigen Internet-Ruhm eignen.

Das Bild vom Steigen ist jetzt schon ihr Favorit. Wie wunderbar das aussieht, die weit aufgerissenen Nüstern und Augen des Einhorns, die wild angelegten Ohren, und die Einhornreiterin selbst bewahrt einen neutralen Gesichtsausdruck. Das sieht richtig gut aus.

Leider ist dieses blöde Baumlos-Pad nach hinten gerutscht, aber was soll's? Es ist der Schnappschuss des Jahrhunderts, und da wird ja wohl keiner auf das Pad gucken.

»Die sind aber schön«, lobt sie ihren Mann, der erleichtert dreinschaut.

Gerade noch mal Glück gehabt. Wer wäre denn wohl schuld gewesen, wenn die Bilder nicht den Ansprüchen seiner Frau genügt hätten? Das hätte wohl eine Nacht auf dem Sofa bedeutet.

Als sie zuhause ankommen, verkriecht sich die Einhornreiterin auch gleich mit dem Laptop ins Büro ihres Göttergatten, denn da lässt es sich ungestörter arbeiten.

Schnell werden noch ein paar Licht- und Schatteneffekte eingefügt, die Kontraste erhöht, um die Farben knalliger und das Einhorn weißer zu machen, und dann wird schon mal das Titelbild geändert. Mit der vollmundigen Ankündigung: »Da kommt noch was!«

Es dauert keine Minute, da kommen schon die ersten Kommentare, die besagen: »Boah, geil!« Zwei, um genau zu sein. Und drei Likes. Und gleich noch ein Fan mehr auf der Seite! Das ist mal eine Resonanz!

Mutig stellt die Einhornreiterin eines der Videos ein, auf denen sie eine halbe Runde mit White Pearl Of Silver Moon auf dem Platz dreht. Das dauert allerdings ein wenig, denn das Internet ist ja so langsam.

In der Zeit kann sie noch ein bisschen mit *Photoshop* herumspielen und ein paar gelungene Aufnahmen aufhübschen. Natürlich alles nur Trabbilder. White Pearl Of Silver Moon galoppiert ja noch gar nicht mit Reiter. Das soll man am Anfang nicht. Daran wird sich gehalten!

Auch die Fotos werden auf die *Facebook*-Seite gerotzt, schnell noch in zwei anderen *Facebook*-Gruppen geteilt und auch in der privaten Tagebuchkategorie des hiesigen Reitforums hochgeladen (inklusive des Bilds vom Steigen). Dann erst erlaubt sich die Einhornreiterin, einen Cappuccino zu trinken. Den hat sie sich verdient!

Seufzend lässt sie sich aufs Sofa fallen – ganz schön viel Arbeit, wenn man das so gut machen möchte wie sie – und das Handy vibriert auch prompt. Diverse neue Nachrichten von *Facebook*. Zwei loben das Video und ihren schönen Sitz. Eine Reiterin lobt das Steigbild. Eine die schöne Farbe der Schibbi-Schabbi. Und die letzte? Was schreibt die da?

»Ist ja alles ganz nett, aber merkst du nicht, dass dein Pferd lahmt? Sieht aus, als wenn das vom Huf kommt.«

Die Einhornreiterin ignoriert, dass ihr Mann genau dasselbe schon erwähnt hat, gibt aber automatisch die Antwort, die Frau Sauer ihr schon vorgekaut hat: »Die Hufpflegerin war gerade erst da, die muss sich erst mal einlaufen.«

Das Handy wird weggelegt, weil es an der Tür klingelt. Sandra! Ach, die hat sie völlig vergessen, sie wollte doch mit der heute noch einen netten Mädelsabend verleben. Der Hugo ist schon gekauft, und der Prosecco auch! Dazu *Netflix* und ein Liebesfilm. Denn ihr Gatte ist heute zum Fußball verabredet, während die Tochter bei Oma und Opa schläft. Sturmfrei.

Sandra wird überschwänglich begrüßt und direkt gefragt: »Hast du schon mein Video gesehen?«

»Nein, wie denn? Ich war doch unterwegs.«

Oh … stimmt. Stolz wird der Laptop wieder aufgeklappt und der Kurzfilm, der sage und schreibe 20 Sekunden lang dauert, präsentiert.

Aber Sandra ist gar nicht so angetan. »Die lahmt aber ziemlich stark. Hast du das nicht gemerkt?«

»Nein, die läuft sich ein«, klärt die Einhornreiterin genervt auf. Dass man das aber auch wirklich jedem heute erklären muss.

»Nee, so was muss die nicht. Wenn die lahmt, nachdem die Hufbearbeiterin da war, dann hat die falsch geschnitten. Wahrscheinlich zu kurz«, erwidert Sandra.

»Ja, meinst du?« Die Einhornreiterin klickt das Video kleiner und erblickt auch schon die nächsten eher erbosten Kommentare.

»Warum reitest du ein lahmes Tier? Die hat Schmerzen, das sieht man doch.«

»Du bist zu schwer für dein Einhorn, deswegen lahmt es!«

Zu schwer? Also, das möchte sich die Einhornreiterin verbitten, sie wiegt 70 Kilo und ist einen Meter siebzig groß! Wie unverschämt sind diese Weiber denn? Das müssen wohl die oft zitierten Trolle sein. Kurzerhand löscht sie die beiden frechen Kommentare und den anderen negativen gleich mit. Kommt ja gar nicht in die Tüte!

Sandra guckt dem Ganzen schweigend zu. »Wer hat die denn beschlagen?«

»Die ist nicht beschlagen«, erklärt die Einhornreiterin.

»Ja, schon klar. Welche Hufbearbeiterin war denn das?«

»Die Frau Sauer«, antwortet die Einhornreiterin stolz.

»Kenn ich nicht. Bei uns im Stall haben alle den Brings oder die Karp. Die sind auch alle begeistert.«

»Sind das Barhufpfleger?«

»Nein, der Brings ist Schmied. Aber der macht auch nur Ausschneiden, wenn's passt und das Pferd gut barhuf geht.«

»Aber die Frau Sauer hat auch die Fehlstellung hinten erkannt und die korrigiert«, hält die Einhornreiterin dagegen. »Und ich möchte auch nicht, dass White Pearl Of Silver Moon Hufeisen bekommt. Das ist nicht natürlich!«

»Reiten ist nie natürlich«, sagt Sandra augenrollend und öffnet vorsorglich schon einmal die Flasche Hugo. Die wird sie brauchen!

»Ja, aber ich möchte, dass es so natürlich wie möglich ist. Deswegen wohnt sie ja auch im Offenstall und bekommt Raufutter und so Sachen. Und einen baumlosen Sattel habe ich auch.«

Sandra zuckt mit den Schultern. Was soll sie dazu eigentlich noch sagen, außer, dass der Sattel gar nicht passt? Aber dann darf sie womöglich den Hugo draußen trinken. »Hast du den Tierarzt mal gucken lassen?«

»Nee, wieso?«

»Weil sie nicht klar läuft.«

»Die läuft sich ja noch ein.«

Augenrollend ext Sandra die ganze Flasche Hugo. Und rülpst. Auch nicht viel weniger qualifiziert als die Kommentare der Einhornreiterin.

KAPITEL 15:
GEWINNSPIELE –
TOLL, DA BRAUCHT MAN SICH
GAR NICHTS MEHR ZU KAUFEN!

Ein paar Tage später hat unsere Einhornreiterin etwas richtig Tolles im Internet gefunden. Es gibt haufenweise Gewinnspiele, wo man tolle Sättel, Schibbi-Schabbis und Trensen gewinnen kann. Reithosen, Putzzeug, es ist einfach alles dabei. Und alles, was man dafür machen muss, ist ein schönes Foto einzuschicken und dann zu hoffen, dass die Leute es liken. Wie praktisch.

Sie meldet sich gleich bei zehn Gewinnspielen an, mit dem super Bild von White Pearl Of Silver Moon, das zwar ein paar Likes gibt, aber irgendwie nicht so viele, wie sie gehofft hat. Da sind ja Leute mit tausenden von Likes dabei. Wie soll sie da die coole Schibbi-Schabbi gewinnen?

Reiter flippen nämlich aus, wenn es etwas umsonst gibt. Und meist ist das ja ganz einfach: Nur schnell ein Foto hinschicken und Likes sammeln. Oder überhaupt nur etwas liken und hoffen, dass man gezogen wird. Das ist Reitern aber zu blöd, denn da ist ja wirklich das Glück gefragt. Auf so was verlässt man sich nicht.

Wenn die großen Marken mal wieder den richtig coolen Kram raushauen (Sättel und Nobel-Kollis), dann gibt es kein Halten mehr, sie rasten alle aus. Und man sieht ständig dieselben Visagen, die frei und wild mit ihrem Pferd durch die Pampa turnen. Im Kleid natürlich. Mal schlecht, mal weniger schlecht bearbeitet.

Man kann sich unmöglich dagegen behaupten, wie unsere Einhornreiterin feststellen muss. Die Fotohelden trumpfen einfach auf. Aber wie nur?

Ganz einfach. Sie nutzen die Stärke von Reitergruppen aus. Wenn sie nur ein bisschen bekannter in der Gruppe sind, voten die Leute wie bescheuert für sie. Aus dem einfachen Grund: Es geht ja recht schnell. Und man möchte vielleicht selbst auch mal was gewinnen, also tut man den Gefallen natürlich gern.

Und wenn man schon nicht »prominent« ist, belästigt man einfach zehn verschiedene Gruppen gleichzeitig mit seiner Gewinnspielteilnahme.

Natürlich reicht Spammen allein nicht. Eine traurige Geschichte, warum man genau *das* Ding braucht, was da verlost wird, gehört auch dazu. Das klingt dann so:

»Mimimimimimimi, ich armes Hascherl … Mimimimimimi, ich brauch das dringend … Mimimimimimi, kein Geld!«

Die Gewinnspielprofis setzen auf Masse – irgendein Horst wird das Bild schon schön finden und gaaanz doll dafür stimmen. Wenn man es nur in *allen* Pferdegruppen verteilt, dann geht das. Ganz sicher!

Spricht man die Leute darauf an, dass es langsam wirklich nervt, jammern sie den anderen einen vor, als hätten sie irgendein Anrecht auf das zu gewinnende Produkt. Weil … weil … also weil! Da fällt ihnen auch nichts Kluges zu ein.

Als sich die Einhornreiterin mal die Bilder genauer anschaut, fällt ihr auf, dass die Fotos alle einem gewissen Schema folgen. Demnach braucht sie ein einfarbiges, knalliges Kleid, und das Einhorn muss frei sein. Maximal mit Halsring, mehr darf da nicht dran. Das absolute Vertrauen muss ausgedrückt werden, indem sie freihändig draufsitzt. Oder daneben steht, während das Einhorn irgendetwas Tolles macht. Mit viel Licht und Filtern.

Gut, das kriegt sie hin, sie hat doch jetzt *Photoshop*. Aber ihr fehlt das richtige Bild, das geht so nicht.

Den Mann noch mal fragen? Traut sie sich nicht, der war letztes Mal schon so anstrengend mit seinen Zwischenfragen. Sandra? Nein, die hat auch wieder nur gemeckert, als sie letztes Mal da war.

Aber die Einhornreiterin hat die Patentlösung für alles: die Schaninn! Die Schaninn weiß sicher, wie man schöne Fotos für solche Gewinnspiele macht.

Prompt wird per *WhatsApp* angefragt, ob nicht mal ein kleines Shooting machbar wäre. Die Schaninn hat Zeit, will aber bis zum Sonnenuntergang warten. Die hat nämlich eine Spiegelreflex und eine Foto-Seite.

Da strahlt die Einhornreiterin, steht pünktlich vor Sonnenuntergang im Stall und schminkt schon mal das Einhorn. Das hat nämlich ein paar Schrammen, weil ein neues Pferd im Offenstall eingezogen ist. Ein netter Haflinger, der alle anderen Pferde beißt und tritt. Aber der muss sich ja erst mal einfinden, sagt die Besitzerin, und die Schaninn findet das auch. Wird also stimmen.

Schnell hat sich unsere Einhornreiterin von einer anderen Freundin (nicht der Sandra, die ist so komisch seit ihrem letzten Treffen) ein Kleid geliehen, das richtig super aussieht. Es ist pink, und es harmoniert hervorragend mit ihren blonden Strähnchen und White Pearl Of Silver Moon. Das kann nur ein klasse Shooting geben.

Allerdings weiß sie noch nicht, ob sie sich wirklich auf ihr Einhorn wagt, nur mit Halsring. Sie gibt es zwar vor anderen nicht zu, aber das hat sie noch nie gemacht, und da weiß sie nicht so recht, ob das schon klappt. Man liest ja auch immer, dass man Vertrauen aufbauen soll. Haben sie und White Pearl Of Silver Moon schon genug Vertrauen zueinander, damit das klappt? Der Gedanke wird weggewischt, natürlich haben sie das. Letztens ist sie ihr schließlich ganz frei und frisch hinterhergelaufen, als sie einen Sack Möhren getragen hat.

»Wir gehen am besten auf die Weide, da ist die Sonne schön«, sagt die Schaninn, und die hat ja eine Spiegelreflexkamera und ordentlich Ahnung.

Das Kleid hat die Einhornreiterin schon an, aber aufs Einhorn kommt sie nicht ohne weiteres hoch. Blöd … es findet sich jedoch ein umgedrehter Eimer, den sie missbrauchen kann. Das Einhorn reagiert mit angelegten Ohren und wackelt von einem Bein auf das andere.

»Du musst die Haare aufmachen«, sagt die Schaninn. »Dann sieht es besser aus.«

Wie in einem Musikvideo lässt die Einhornreiterin ihre Haare wehen und schmeißt das Haargummi gleich weg. Wer braucht das schon? Heute ist alles frei, Einhorn, Reiterin, Haare und Brüste, den BH hat sie nämlich auch weggelassen.

Das Einhorn setzt sich muffelig in Bewegung, zerrt und tippelt aber hierhin und dorthin. Oh-oh, ob die Einhornreiterin so der Schaninn folgen kann? Gottlob hat die ein Leckerli in der Tasche, und White Pearl Of Silver Moon dackelt ihr wie eine Eins hinterher, nachdem sie endlich Witterung aufgenommen hat.

»So, hier ist gut«, verkündet die Schaninn nach einer Weile. Was hier gut ist, weiß das ungeschulte Nicht-Photographen-Auge unserer Einhornreiterin nicht, doch die Frau mit der Spiegelreflexkamera wird es schon wissen, die war nämlich teuer.

»Also, du kommst hierhin galoppiert, mach am besten noch die Arme weg.«

»Ja«, antwortet hastig die Einhornreiterin und weiß immer noch nicht, ob das so wirklich klappt. Hui, jetzt ist sie aber doch sehr nervös. Auch wenn sie sich immer und immer wieder sagt, dass ihr Einhorn ihr blind vertraut. Aber sie hat es eben auch noch nie so herausgefordert …

Sie schnalzt ein bisschen, und White Pearl Of Silver Moon reagiert mit angelegten Ohren. Und einem energischen Stups Richtung Schaninns Tasche. Da ist das Leckerli drin.

»Oh«, lacht die Schaninn, schlägt dem Einhorn klatschend auf die Brust. »Erst danach!«

Das Einhorn geht verstimmt einen Schritt zurück und fletscht die Zähne.

»Du musst dringend noch an ihrer Dominanz arbeiten«, tadelt die Schaninn die Einhornbesitzerin. »Das geht aber nicht.«

»Ja, ich weiß«, behauptet die Reiterin, obwohl sie gar nichts versteht. Energisch zerrt sie am Halsring, knallt die Fersen in den kugeligen Einhornbauch, und das Tier rollt vorwärts.

Mehr oder minder geradeaus, die Grashalme sind hier zu verlockend. Und die anderen Pferde stehen auch irgendwo hinten links, die scheinen sehr interessant zu sein.

Mutig reitet sie dennoch voran, um sich ein bisschen Anlauf zu sichern. Als sie sich umguckt, ist die Schaninn auch kaum mehr zu sehen, also macht die Einhornreiterin einen großen Bogen, durch viel Klopfen mit dem Schenkel. Was das Einhorn mit ziemlichem Unwillen quittiert, denn es macht merkwürdige Hüpfer, die die Reiterin nur deswegen so gelassen hinnehmen kann, weil sie sich in den Halsring krallt. Anschließend macht das Einhorn zwar auch komische Geräusche, aber buckelt nicht mehr.

Sie treibt das schlechtgelaunte Einhorn an, das vorwärts sprintet wie von der Tarantel gestochen. Die Einhornreiterin hat gar keine Zeit, ein hübsches Gesicht zu machen, die Haare fliegen, sie krallt sich in den Halsring, kneift die Arschbacken zusammen und hoppelt auf dem Rücken des Tieres mit. So fühlt sich Freiheit an? Ganz schön unbequem.

Das Einhorn gibt alles, das rast vorwärts, im schnellsten Galopp, den die Einhornreiterin je erlebt hat. So schnell ist sie noch nie gewesen, denn sie kennt bisher nur die Reitschulpferde aus dem hiesigen Nachbarstall. Macht zwar Spaß, ist aber sau-unbequem, und es ist echt schwierig, sich festzuhalten.

So schießt sie auch an der Schaninn vorbei, die mit den Armen wedelt. Wahrscheinlich, weil sie das alles so gut findet. Und überhaupt, dieses freie Reiten ist ja gar nicht so schwer. Klappt doch. Jetzt nur noch bremsen, denn der Zaun kommt in Sicht. Hallo? *Hallo?*

Das Einhorn stoppt aus dem Nichts. Hätte es Eisen, würden die jetzt Funken schlagen. Die Einhornreiterin landet zwar auf dem Hals, aber das ist völlig nebensächlich. Was für ein Ritt! Wie schnell das Einhorn ist! Wahnsinn. Ob man damit nicht auch etwas anfangen kann? Vielleicht ist es doch ein Renneinhorn? Den Gedanken hatte sie ja schon mal.

Und dann der spektakuläre Stopp. Ist es etwa ein Westerneinhorn? Das hat sie doch in dem einen Stall mal gesehen. Und ihr Tier kann das sogar völlig ungefragt.

Vorsichtshalber steigt sie dennoch ab und tänzelt beschwingt, aber japsend, zur Schaninn, die ihr schon mal einen Vorgeschmack an Fotos zeigt, die sie während dieser astreinen Galoppaktion geknipst hat.

Die Einhornreiterin ist ganz verliebt und weiß nicht, für welches Foto sie sich entscheiden soll.

Schaninn wird ihr vorsorglich alle schicken. Da müsste sie aber noch mal mit *Photoshop* ran, manche sind nicht so scharf. Trotz Automatikfunktion bei der Spiegelreflexkamera.

Strahlend nimmt die Einhornreiterin den Halsring ab und entlässt das Einhorn in die Freiheit des Offenstalls, bevor sie nach Hause fährt. Noch im Kleid. Das war toll.

Zu Hause angekommen, wird schnell eins der übermittelten Bilder mit ein paar Filtern versehen. Sie galoppiert dahin, das Einhorn hat aus Gründen der Windschnittigkeit die Ohren im Genick, der Halsring schneidet ins Fell, die gebleckten Zähne symbolisieren höchste Konzentration.

Vielleicht noch ein paar Stempel rein? Blätter oder so was? Das kann *Photoshop* doch. Ja, doch, Stempel gehen immer. Ein bisschen

Vintage Look geht auch, sodass sie noch heute an mindestens drei Gewinnspielen teilnehmen kann.

Und weil unsere Einhornreiterin gewinnen will, postet sie das Bild auch noch in sämtlichen Pferdegruppen, die sie kennt, damit die Leute auch wirklich Notiz von ihr nehmen. Und natürlich auf ihrer Seite, die hat doch schon fast 300 Follower. Und sie hat jetzt auch *Twitter*! Das muss der Sieg sein.

Selig geht sie ins Bett, kann aber nicht schlafen. Denn sie muss sich jetzt mal ernstlich mit der Ausbildung des Einhorns beschäftigen. Der schnelle Galopp hat ihr imponiert.

In ihrem Kopf formt sich die nächste Idee. Gierig wählt sie auch um 00:30 Uhr noch die Nummer von Sandra, die verschlafen abnimmt.

»Ist was passiert?«

»Weißt du, ob es hier in der Nähe eine Galopprennbahn gibt?«

Das Tuten des Freizeichens muss wohl ein »Ja, natürlich« bedeuten, denn unsere Einhornreiterin ist mit sich und der Welt sehr zufrieden, als sie einschläft.

KAPITEL 16:
PUTZ DIR DIE ZÄHNE,
WIR GEHEN ZUM PFERDERENNEN

Aaah, Galopprennen. Sport der Könige. Die Elite trifft sich zum Schampus und ergötzt sich an edlen Pferden. Wer das denkt – überspringt bitte dieses Kapitel. Wir wollen uns heute nämlich noch gar nicht mit dem Pferderennen an sich auseinandersetzen, sondern mit denjenigen, die Pferderennsport im Internet diskutieren. Und dafür gibt es extra ein paar ganz abgelegene Plätzchen im World Wide Web, denn – nicht vergessen: Hier spricht nur die Elite! Entsprechend passe ich mich an: In diesem Kapitel wird gesiezt!

Glauben Sie nicht? Ist aber so. Werden Sie ja nicht frech und duzen unverschämterweise jemanden. Das würde einen Shitstorm nach sich ziehen, der sich gewaschen hat. Und so ein echter Galopper-Gruppen-Rumtreiber, der hat überhaupt kein Problem damit, persönlich zu werden. So richtig unter die Gürtellinie zu gehen. Das werde ich Ihnen nachher mal anhand eines Beispiels erläutern. Und warten Sie ja nicht auf Hilfe: Sie haben es ja schließlich herausgefordert.

Was wird in solchen Gruppen also besprochen? Die Rennen. Natürlich. Die Aktiven. Die Pferde.

Und es wird vor allem eins: alles schlecht geredet. Pferd A gewinnt das Derby, Pferd B gewinnt das St. Leger, und am Ende hauen sich alle die Köpfe ein, weil Jockey C, der gar nicht anwesend war, das nicht genügend bejubelt hat. Außerdem gab es eine geheime Absprache zwischen Pferd A und B und Trainer D, der sowieso immer negativ auffällt. Der trainiert das Pferd zwar gar nicht, hat aber irgendwann auch mal mit der Stasi oder einem Scheich kooperiert. Unter aller Sau! Der blöde Scheich! Um was ging's eigentlich noch mal? Off Topic gehört in solchen Unterhaltungen zum guten Ton. Aber vergessen Sie ja nicht zu siezen. Sonst … !

Demonstration gefällig? Gern! Ein durchschnittlicher Tag bei Galoppern sieht so aus:

Fiktives Thema: Hengst Greyblue (7) wurde im Listenrennen disqualifiziert wegen Behinderung von Pferd Bluered (5). Jockey A von Greyblue äußerte sich negativ über die Leistung seines Pferdes und entschuldigte sich für die Behinderung.

Galopperfan1: »Ja, das kommt davon, weil der bescheuerte Trainer Z seine Viecher nie richtig vorbereitet. Haben wir ja zuletzt alle in Dresden im 5. Rennen mit Greywhite gesehen! Das ist eine Zumutung für die Starthelfer.«

Galopperfan2: »Haben Sie gesoffen? Natürlich bereitet der die Pferde gut vor. Alle seine Pferde sehen super aus. Sie haben ja mal überhaupt keine Ahnung. Ist ja auch kein Wunder. Sie kommen ja aus Bundesland1!«

Galopperfan1: »Wollen Sie mir was über Trainer Z erzählen? Ich kenne den schon viel länger als Sie, und ich weiß, wie der tickt. Immer fällt der negativ auf. Man sollte ihm die Lizenz entziehen.«

Galopperfan2: »Ja, wenn man immer nur säuft, dann kommt dabei so eine unterbelichtete Scheiße heraus. Gehen Sie doch zum Penny, Pfandflaschen sammeln, Sie asozialer Wicht!«

Galopperfan3: »Ich sehe da überhaupt keine Behinderung, die Rennleitung gehört endlich erschossen.«

Galopperfan2: »War ja klar, dass dieser Vollpfosten von Galopperfan3 daherkommt. Machen Sie es doch einfach besser als die Rennleitung, dann müssen wir uns auch nicht mehr Ihr behindertes Gesülze anhören.«

Galopperfan4: »Ich finde schon, dass eine Behinderung zu sehen ist. Gucken Sie sich halt noch mal den Rennfilm an, Galopperfan2.«

Galopperfan2: »Ach, Sie schon wieder. Zahlen Sie lieber mal Ihre Zeche! Also was man von Ihnen so hört …«

Verirrtes *Wendy*-Mädchen: »Ich finde das Siegerpferd voll putzig. Sieht super-süß aus. Ist das ein Friese?«

Galopperfan1: »Geh mit den Gimmicks aus der *Wendy* spielen, wenn Erwachsene sich unterhalten.«

Galopperfan5: »Ich finde es eine Frechheit, was Jockey A da gesagt hat. Ist kein Wunder, dass der keine Anstellung mehr bei Gestüt V hat.«

Galopperfan1: »Halten Sie doch die Fresse, wenn Sie keine Ahnung haben. Jockey A hat gekündigt. Er wurde nicht gekündigt.«

Galopperfan6: »Was regen Sie sich überhaupt über das Rennen auf? Von dem Vieh sieht man doch eh nie wieder was. Eintagsfliege. Der gewinnt nix mehr. Gucken Sie sich doch den Rennfilm an!«

Galopperfan2: »Gehen Sie doch endlich den Kaffeesatz lesen. Der Jockey hat sich entschuldigt. Ist ja wohl klar. Schwachmat!«

Galopperfan1: »Tja, Galopperfan2 war schon immer eine Hure, die sich nach dem Wind dreht und die Beine für jedermann breit macht. Vorhin klang die Meinung noch anders.«

Was passiert am Ende der Diskussion? Keiner weiß mehr, wer eigentlich ursprünglich welche Meinung vertreten hat, es wird garantiert noch zehn Mal nach dem Alkoholspiegel einiger Post-Verfasser gefragt, und zwischendurch müssen wir auch noch ein bisschen über das gute alte Preußen reden, wo *alles* besser war, inklusive der Pferderennen, der Jockeys usw. Das hier war übrigens eins der harmloseren Beispiele. Das geht definitiv noch wüster. Sie dürfen aber mitmischen, solange Sie das Siezen nicht vergessen. Sie müssen nur das Muster ordentlich fortführen:

1) Geht es um ein Rennen, dann sagen Sie den anderen Leuten gefälligst, dass die sich mal den Rennfilm ansehen sollen, falls die was zu meckern haben.

2) Sie kennen alles und jeden, und ein einfaches »Das glaube ich nicht, Sie reden Scheiße« ist überhaupt kein Problem. Das gehört zum guten Ton.

3) Sollten Sie mal dabei erwischt werden, dass Sie gar keine Ahnung haben, behaupten Sie einfach, der User über Ihnen würde sowieso immer zu viel trinken und könnte dadurch Realität und Wahn nicht mehr unterscheiden. Er lügt in jedem Fall!

Wenn sie sich am Renntag wiedersehen, siezen sich diese Leute übrigens nicht nur immer noch artig, sie sind plötzlich auch alle ganz nett zueinander. Das ist das erstaunlichste Phänomen. Im Internet Zähne zeigen, auf der Bahn die Hilfsbereitschaft in Person.

Von all diesen schlauen Tipps weiß die Einhornreiterin allerdings nichts. Sie ist nur zufällig auf eines dieser Foren gestoßen und meldet sich natürlich auch gleich an. Die Leute da werden ihr doch helfen können, nachdem Sandra schon so frech war und einfach aufgelegt hat.

Das Ganze dauert mächtig lange, sie muss nämlich auf die manuelle Aktivierung ihres Accounts warten. Im Galopper-Forum sind die User schließlich handverlesen, nicht, dass sich da irgendwelche Idioten einfinden, die dort gar nicht hingehören.

Dass dieses Feature ausgerechnet vor Leuten wie ihr schützen soll, weiß die Einhornreiterin natürlich nicht. Sie wird es aber in Kürze erfahren, denn sie tippt schon fleißig ihren Begrüßungspost:

»Hallo, ihr! Ich bin die …« Sie überlegt kurz. Man soll ja keinen Klarnamen benutzen. »… White Pearl Of Silver Moon und habe eine Frage. Ich besitze seit kurzem ein sehr schnelles Einhorn. Darf ich damit auf die Rennbahn? Könnt ihr mir sagen, wie das geht? Kann ich damit Rennen gehen? Mein Einhorn ist auf jeden Fall schneller als die meisten Rennpferde, ich habe das gestern mal ausprobiert. Brauche ich einen Trainer? Kann ich das Kentucky Derby mitreiten?« Das ist nämlich das einzige Rennen, das die Einhornreiterin kennt.

Aber die Rennsportler sind heute verstimmt. Es gibt seit Tagen Zank im Forum, also reagieren sie besonders allergisch auf Gesuche wie das der Einhornreiterin. Das äußert sich sehr schnell in drastischen Worten.

Galopperfan1: »Wer hat denn die Irre hier reingelassen? Kann das mal jemand wegmachen? Kümmert sich ja keine Sau mehr um das Forum, die Administration sollte mal abdanken.«

Galopperfan2: »Wer hat Ihnen erlaubt, die Leute zu duzen? Sind Sie mit irgendwem bekannt? Nein? Dachte ich es mir doch. Lernen Sie mal Benehmen, bevor Sie so saudumme Fragen stellen.«

Galopperfan3: »Verschwinden Sie bloß mit Ihrem Unwissen. *Google* hätte geholfen. Oder ein Buch! Oder ein bisschen Pferdeverstand.«

Schockiert macht die Einhornreiterin den Laptop aus. Das muss sie erst einmal verdauen. Im Rennsport scheint es hart zuzugehen. Wirklich hart. Hilfe! Warum sind die alle nur so unfreundlich? Ist das die erwähnte Elite? Auf den Bildern von der Rennbahn sieht man aber doch sonst nur charmante ältere Herrschaften, die Hüte tragen und nett in die Kamera lächeln.

Aber die? Die sind ja richtig fies. Nein, den Account löscht sie lieber schnell wieder, auch wenn der Thread mittlerweile zwanzig Antworten hat. Die sind aber alle gleich schlimm.

Seufzend fragt sie lieber in einer *Facebook*-Pferdegruppe. Da sind die Antworten zwar auch schlimm, aber auf eine andere Art.

»Rennpferde rennen vor anderen Pferden weg und werden per Drill auf Flucht gepolt!«

»Rennpferde kommen in die Wurst, wenn sie zu langsam sind!«

»Rennpferdefohlen kommen in die Wurst, wenn sie zu langsam sind!«

»Jockeys sind böse Tierschläger, die das ganze Rennen lang aufs Pferd eindreschen!«

»Rennpferde brechen sich regelmäßig Beine, Genick und wahrscheinlich auch den Schweif! In der Reihenfolge!«

»Rennpferde gehen VIEL zu jung auf die Bahn!«

»Rennpferde müssen ALLE von der Bahn gerettet werden!«

»Galopprennen ist Kinderarbeit, und die armen unfertigen Pferde sterben alle!«

»Alle Rennpferdebesitzer sind geldgeil und wollen nur reich mit den Pferden werden!«

Nur eine Person in der Gruppe fragt kess: »Woher habt ihr denn den Unsinn?«

»Ich habe in einem namhaften deutschen Rennstall dieses und jenes gesehen.«

Belegt werden solche Behauptungen nicht. Trainernamen oder Stallnamen werden niemals genannt. Kann doch sowieso keiner das Gegenteil behaupten.

»Ich habe eine Freundin im Rennstall, und die sagt selbst, dass es so ist.«

Auch hier gilt natürlich: Niemals sagen, wo diese ominöse Freundin arbeitet, schon gar nicht sagen, wer das ist. Die Aussage muss reichen! Die Leute sind informiert, also Schnauze!

Schockiert macht die Einhornreiterin das Smartphone auch noch aus. Also, das mit dem Pferderennen muss sie erst einmal verdauen. Vielleicht wartet sie damit lieber noch etwas. Man braucht ja auch Kondition. Und überhaupt, der Unfug, den die da schreiben, der gilt ja nicht für sie. Ihr Einhorn geht schließlich gebisslos, barhuf und baumlos auf die Rennbahn … Ein wenig verunsichert fährt sie heute zum Einhorn, um diesem ein bisschen Kondition zu verschaffen.

KAPITEL 17:
RIVALEN DER RENNBAHN

Nach ein paar Tagen ist zwar noch kein Gras über die Sache gewachsen, dafür tritt aber ein anderes Ereignis ein: Sandra fährt mit der Einhornreiterin zur nächstgelegenen Rennbahn. Denn es ist Sonntag, und da gibt es nun mal genau das, was die Einhornreiterin sucht: Galopprennen.

Die Schaninn hat diesen Ausflug erstaunlicherweise sehr energisch abgelehnt und auch ganz böse darüber geschimpft. Das findet die Einhornreiterin komisch, weil die Schaninn doch sonst immer so tolerant ist. Aber die hat auch ähnliche Sachen gesagt wie die Leute im Internet.

Verunsichert fährt sie also heute mit Sandra zu den Rennen und ist ganz erstaunt, dass die sonst eher motzende Freundin dieses Mal ihren Vorschlag gut findet. Allerdings kennt die ja auch noch nicht den Hintergedanken der Einhornbesitzerin.

Sandra sagt auch gar nicht solche Sachen wie die Leute auf *Facebook*, die gibt nur zu, nicht so viel Ahnung von Galopprennen zu haben.

Auf dem Parkplatz löchert die Einhornreiterin sie dennoch mit Fragen. »Kann da jeder mitmachen?«

»Nein, da muss man eine Lizenz für haben.«

Aha, also weiß Sandra *doch* etwas. »Kann ich die auch bekommen?«

»Ich will nicht böse sein, aber ich glaube, da bist du zu schwer für.«

Beinahe will die Einhornreiterin schon ins Auto zurück und Sandra beleidigt die Freundschaft kündigen, aber Sandra erklärt sich schnell: »Schau mal, die Jockeys wiegen doch gerade mal um die 50 Kilo. Das schaffen du und ich beide nicht.«

Na schön, das lässt die Einhornreiterin sich gerade so noch gefallen. Außerdem macht es ja nichts, dass sie mehr wiegt, das Einhorn ist ja auch mit mehr Kilos sehr schnell.

Es wird kurz am Führring Halt gemacht, da kann man sich die Pferde vor dem Rennen nämlich kurz anschauen. Schöne Tiere, das muss die Einhornreiterin zugeben, auch wenn White Pearl Of Silver Moon natürlich viel schöner ist.

Auch wenn Einhörner anfassen Glück bringen soll, könnte das Einhorn es dennoch als sexuelle Belästigung empfinden. Vorher fragen ist angebracht.

Einhörner müssen im Sonnenuntergang gefüttert werden, da sie ansonsten nicht mehr so schön glitzern. Selbst wenn mit Photoshop nachgeholfen werden muss.

Sollte die Farbe der Hufe nicht zur Schibbi-Schabbi passen, dürfen die gerne umgefärbt werden.

Bodenarbeit sollte besser an einem neutralen Platz stattfinden, da das Pferd so abgelenkt sein könnte.

Einhörner sind auch nur Arschlochpferde. Mit Horn.

Auch Arschlochpferde möchten ein bisschen Kultur genießen.

Auch Pferde wollen Feste feiern, daher ist es ratsam, sie zu jedem passenden und unpassendem Zeitpunkt zu verkleiden. Die Foto-Nachbearbeitung ist dabei oft noch das kleinste Übel.

Longenkurse kann man getrost auslassen, das ist schließlich selbsterklärend.

Ein adäquates Heim für Einhorn und Arschlochpferd ist absolut essentiell. Puppenhäuser, Gartenhäuser und Strandkörbe eignen sich gleichermaßen.

Es ist von Bedeutung, sich und das Pferd ausreichend weiterzubilden.

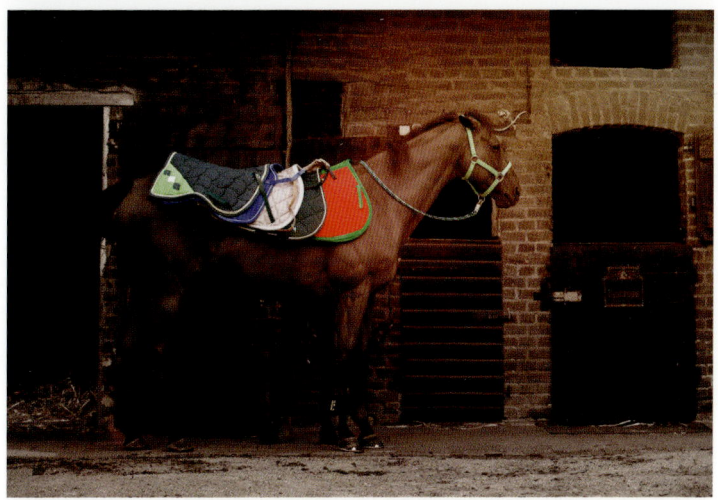

Schibbi-Schabbis sind wichtig und richtig. Sie müssen aber stets ansprechend präsentiert werden. Auch gerne mehrere auf einmal, damit andere die »Kolli« gebührend bewundern können.

Zum Halsring-Reiten müssen unbedingt ein freies Feld und ein hübsches Kleid gewählt werden, ansonsten bemerken die Fotogucker das großartige Vertrauen nicht.

Wenn das Pferd nicht mit einer aktuellen Trendfarbe ausgestattet ist, kann mit einfachen Hilfsmitteln nachgeholfen werden.

Sandra findet die Pferde offenbar auch richtig schön, und irgendwie erkennt unsere Einhornreiterin hier noch nichts von der im Internet beschriebenen Quälerei. Die gehen doch artig alle ihre Runden. Oder ist das hier eines dieser tierquälerischen Ponykarusselle?

Es bimmelt, und die kleinen Männer in Bunt kommen heran, besteigen nacheinander ihre Pferde und verschwinden Richtung Bahn.

Das lassen sich auch die beiden Freundinnen nicht entgehen, sie folgen dem recht großen Publikumsstrom. Sandra hat sogar ein Programmheft dabei.

»Ausgleich IV über 1.400 Meter, für 4-jährige und ältere Pferde.« Und noch mehr Text, den die Einhornreiterin nicht so ganz versteht, da reden sie von »GAG« und »Sieg« und »Aufgewicht«. Ach, damit kann man sich auch nachher noch befassen.

Die Pferde galoppieren auf. Das hat sie schon mal in Filmen gesehen, die machen sich warm. Da hört aber das Rennlatein unserer Einhornreiterin auch schon wieder auf, weil die Pferde gebremst haben und nun vor der Startstelle herumlungern. Das dauert ja vielleicht lange. So ein Pferderennen kann ganz schön öde sein. Gerne würde sie dort etwas mehr sehen, auch die viel zitierten bösen Gebisse, welche die alle haben sollen, aber davon war eben nicht viel zu erkennen. Und im Führring hat sie nicht darauf geachtet. Wird sie aber danach machen, ganz sicher.

Als die Türen der Startmaschine aufspringen, ist auf der Tribüne deutlich die Anspannung der Leute zu bemerken. Die Einhornreiterin kann das richtig fühlen, und es wird immer spannender, je näher die Pferde der Zielgerade kommen. Jetzt wird es auch lauter um sie herum, und sie sieht plötzlich die Peitschen der Reiter. Die fuchteln ganz wild damit.

»Die schlagen die ja«, sagt sie entsetzt zur Sandra.

Sandra macht nur »Pscht«, denn sie hat gewettet und will natürlich wissen, ob ihr Pferd als erstes über die Ziellinie geht. Leider wird es nur Zweiter, was Sandra ein bisschen ärgerlich aufnimmt, aber unsere Einhornreiterin ist zu schockiert, um sich darum zu kümmern.

»Die haben ihre Pferde geschlagen!«, ruft sie entrüstet. Hat das denn niemand gesehen?

Sandra guckt ein bisschen irritiert. »Was?«

»*Die haben die geschlagen*!«

Eine ältere Dame tippt sie von hinten an. Sie hat einen Wettschein in der Hand und trägt einen schicken Hut. Ein bisschen wie die Leute, die man sonst so im Fernsehen sieht.

»Junge Frau, was reden Sie denn da?«, fragt sie.

Unsere Einhornreiterin ist den Tränen nahe. Alles, was im Internet steht, ist wahr! Die Jockeys haben die Pferde wirklich gehauen.

»Die hauen die Pferde nicht unkontrolliert, das ist doch gar nicht erlaubt«, widerspricht die Dame.

»Ich hab's aber doch gesehen. Die ganze Gerade runter«, jammert die Einhornreiterin und schaut hilfesuchend zu Sandra, die nur sehr interessiert ihren Wettschein zusammenknüllt.

»Es sind nur fünf Schläge erlaubt«, klärt die Dame sie auf. »Die wedeln damit, damit die Pferde ein Signal haben, um schneller zu werden.«

»Hm …«, macht die Einhornreiterin. Davon ist sie nicht überzeugt.

»Haben Sie ein Pferd, junge Frau?«, fährt forsch die Dame fort.

»Ja.« Vor lauter Empörung vergisst unsere Einhornreiterin sogar, darauf hinzuweisen, dass sie kein schnödes Pferd hat, sondern ein Einhorn.

»Haben Sie es schon mal gemaßregelt?«, fragt die Dame. Der Herr an ihrer Seite strebt langsam Richtung Ausgang.

»Nein, das brauche ich gar nicht. Die ist so toll und lieb und …«

Die Dame seufzt. »Befassen Sie sich einmal näher mit dem Rennsport, dann werden Sie feststellen, dass eine Menge Dinge anders sind, als Sie es sich ausmalen.«

Mit dieser kryptischen Aussage lässt sie die Einhornreiterin und Sandra stehen, der das Ganze immer noch sehr peinlich ist.

»Mann, musste das sein?«, fragt sie schließlich.

»Was? Man soll doch den Mund aufmachen, wenn man irgendwo Tierquälerei sieht.«

»Das war aber gar keine Tierquälerei. Du hast die Frau doch gehört. Wenn in einer Reithalle ein Pferd mal mit der Gerte touchiert wird, holst du auch nicht gleich den Tierschutz, oder?«

Die Einhornreiterin erinnert sich an ihren Reitunterricht. Da hatte sie auch immer eine Gerte … Das verunsichert sie jetzt doch ein wenig. »Ja, aber da müssen die Pferde ja nicht so schnell rennen.«

»Du sagst doch, dass dein Einhorn auch von selbst rennt, weil sie einfach so schnell ist.«

»Ja, aber das ist was anderes«, behauptet die Einhornreiterin eigensinnig.

»Und wenn jemand Sporen benutzt ... ist das auch nicht Tierquälerei.« Sandra hat sich ein bisschen in Rage geredet. »Tierquälerei ist es, wenn man ein Pferd nicht füttert oder seine Krankheiten nicht behandelt. Oder wenn man es alleine hält oder ...«

»Das sieht jeder anders«, entgegnet die Einhornreiterin hoheitsvoll und stapft voran, die Treppe von den Tribünen hinunter.

»Es ist aber gar kein so großer Unterschied. Als ich dein Einhorn verladen habe, da hab ich der auch eine vor den Latz gehauen. Hat sie davon Schaden genommen?«

»Nee, aber du hättest sie auch nicht hauen müssen.«

»Dann wäre sie nicht auf den Hänger gegangen.«

»Das stimmt gar nicht. Du hast ja nur keine Geduld.«

»Oder White Pearl Of Silver Moon hat dich einfach nur verscheißert.«

»Hat sie gar nicht.«

»Klar. Macht sie ständig. Immer wenn ich bei dir im Stall bin, macht sie das. Und der Tierarzt war auch immer noch nicht da. Und komisch gehen tut die auch noch. Eigentlich ist *das* Tierquälerei.«

Empört bleibt die Einhornreiterin stehen. »Das stimmt doch gar nicht. Woher willst du denn wissen, wann der Tierarzt da war und wann die Hufpflegerin kommt? Die Frau Sauer hat voll viel Ahnung!«

Sandra seufzt. Nachdem sie sich so weit vorgewagt hat, rudert sie jetzt zurück und sagt nichts mehr. Besser ist das, denn die Einhornreiterin ist ja doch irgendwo noch ihre Freundin. Und außerdem: Die allein mit dem Einhorn ... Das Tier tut ihr auch ein bisschen leid.

Die Einhornreiterin ist unterdessen am Kochen. Die will nur nach Hause. Weg von den gemeinen Pferdeschlägern, die angeblich nur fünf Mal hauen dürfen, und irgendwelchen Omas, die sie belehren wollen. Sie hat Ahnung von Pferden. Also: Schnauze!

KAPITEL 18:
PFERDEERZIEHUNG FATAL

Das Erlebnis auf der Rennbahn hat einen prägenden Eindruck hinterlassen. Unsere Einhornreiterin setzt jetzt auf gewaltfreie Erziehung. Kein Schimpfen, kein Hauen, nur positive Bestärkung. Darüber hat sie nämlich einen Dreizeiler bei *Facebook* gelesen.

Man soll also alles nur positiv bestärken. Das macht sie seit ein paar Wochen auch mit dem Einhorn. Allerdings hat das einen komischen Effekt, denn das Tierchen benimmt sich richtig komisch.

Sie möchte White Pearl Of Silver Moon die Hufe auskratzen – das Einhorn zieht den Huf weg und keilt zu allem Überfluss auch noch aus.

Wenn sie putzen will, schnappt das Einhorn. Wenn die Reiterin trensen möchte, hält das störrische Tier einfach den Kopf hoch und lässt die Einhornreiterin am langen Arm verhungern. Beim Satteln läuft sie rückwärts, hängt sich in den Strick. Auch Aufsteigen ist nicht mehr, das Einhorn bleibt nämlich nicht mehr stehen. Es ist total verändert.

Und es geht auch wirklich langsam komisch. Das fällt sogar der stolzen Besitzerin auf. Seit dem letzten Besuch von Frau Sauer sogar noch mehr.

Vorgestern hat das Einhorn mit seinem Huf ihr Schienbein getroffen. Das ist jetzt grün und blau. Und ihr Arm weist ähnliche Farben auf, denn das Einhorn hat sie gebissen.

Als White Pearl Of Silver Moon sie heute sehr unsanft zum ersten Mal auf den Boden der Tatsachen zurückholt, indem sie die Einhornreiterin abbockt, muss die Besitzerin sich eingestehen, da läuft etwas schief.

Und die Frage der Fragen lautet: Wen frage ich jetzt am besten? Die Sandra? Nee, die ist ein ätzender Klugscheißer, die hat nach der Rennbahn auch gar nicht mehr viel mit ihr gesprochen. Sie selbst hat es auch nicht unbedingt forciert. Weil sie Sandras komische Erklärungsversuche nicht gerade sinnvoll fand. Und überhaupt, hat sie ihr nicht unterstellt, sie wäre eine Tierquälerin? Nein, die wird nicht gefragt.

Das gute alte *Facebook*, das kann doch mal helfen, oder? Stöhnend und ächzend macht sie sich auf den Heimweg, sehr unglücklich mit sich und dem Einhorn, das sie nicht einmal mehr mit dem Hintern anschaut, als sie von dannen geht.

Ihr Mann ist mit Emma bei seinen Eltern. Der war auch ziemlich schlecht gelaunt heute, weil er ihr gesagt hat, sie soll einen Helm anziehen, wenn sie reitet, weil das Einhorn ja jetzt ein bisschen komplizierter wird.

Einen Helm findet die Einhornreiterin aber albern, der sieht nicht nur blöd aus, der macht bekanntlich auch noch die Frisur kaputt.

Die blauen Flecken hat der Mann auch nicht gut aufgenommen. Doch was hätte da bitte ein Helm gebracht? Nichts. Also, was redet der wieder für einen Unsinn? Der hat ja nicht mal Ahnung von Pferden.

Träge schleppt sich die Einhornreiterin auf ihr Sofa und klappt den Laptop auf. Ihre Seite hat mittlerweile 800 Fans, das ist schon ziemlich viel, wie sie findet. Gut, sie hat auch ein paar indische Likes eingekauft, aber an sich ist es viel! Bei einem Gewinnspiel hat sie auch schon gewonnen und hat nun einen großen Sack Pferdefutter im Flur stehen, das sie dem Einhorn noch nicht gefüttert hat. Also eigentlich läuft es doch. Auf *Facebook* zumindest. Nur mit White Pearl Of Silver Moon läuft es nicht. So gar nicht.

Also öffnet sie rasch *Facebook* und verfasst einen tieftraurigen Post in einer Pferdegruppe.

»Hallo zusammen. Ich besitze seit einer Weile dieses zauberhafte Wesen.« Sie fügt schnell ein Bild ein, eins vom Shooting mit Schaninn, da war die Welt noch in Ordnung. »Leider bin ich gerade sehr unglücklich. Ich habe mich für einen gewaltfreien Weg der Pferdeerziehung entschieden, das heißt, keine Gerten, keine Schläge, keine Hiebe, nichts. Ich arbeite mit positiver Verstärkung. Das klappt auch gut, aber leider ist mein Einhorn seit einigen Tagen ganz schlimm drauf. Sie beißt und tritt plötzlich, obwohl vorher alles okay war. Dabei waren wir vorher ein Herz und eine Seele. Was hat sie nur?«

So ganz stimmt das eigentlich nicht, denn diesen »gewaltfreien Weg« geht sie ja nicht von Anfang an, und vielleicht ist das ja auch das Problem? Aber die Einhornreiterin ist davon überzeugt, das eine hat nichts mit dem anderen zu tun. Und in der Tat, die ersten Posts bestätigen ihre Meinung:

»Hast du mal den Tierarzt kommen lassen? Das hört sich an, als wäre sie krank.«

»Ich würde mal gucken, ob der Sattel passt oder ob sie Schmerzen hat.«

So und ähnlich sind die meisten Kommentare, die prompt folgen. Eine Userin will sogar gesehen haben, dass das Einhorn falsch bemuskelt ist – anhand des romantischen Wallekleid-Bildes, wo das Einhorn nur von vorne zu sehen ist.

Eine andere schlägt vor, das Einhorn erst mal in Ruhe zu lassen und in ein paar Tagen zu schauen, wie es dann drauf ist. Diese Userin wird aber niedergeschrien vom Chor der Alleswisser, die losdiagnostizieren, was das Zeug hält.

»Wann genau wird sie denn fies?«, fragt jemand.

Die Einhornreiterin klärt auf. »Eigentlich, sobald man mit ihr arbeiten will.«

»Dann bietest du ihr nicht genügend Abwechslung«, sagt weise die Frau auf *Facebook*, die das Bild einer glupschäugigen Sonnenblume als Profilfoto hat. Na, wenn die nicht kompetent ist, dann weiß ich auch nicht. »Was machst du denn mit ihr?«

»Wir arbeiten auf dem Platz«, sagt die Einhornreiterin. Ja, doch, wenn sie ehrlich ist, arbeitet sie wirklich nur auf ihrem provisorischen Reitplatz. Das stimmt ja echt … »Sie ist gerade erst angeritten worden«, fügt unsere Einhornreiterin noch hinzu.

»Dann musst du auch mal was anderes machen. Machst du denn überhaupt Bodenarbeit?«

»Ja, mache ich.« Aber in letzter Zeit nicht viel, das stimmt. Was daher kommt, dass White Pearl Of Silver Moon momentan am Boden besonders gemeingefährlich ist. Aber auch sonst, das macht nicht so viel Spaß wie Reiten. Man hat schließlich ein Pferd, weil man es reiten möchte, nicht, weil es so hübsch aussieht, wenn man es an der Longe durch die Gegend schleudert.

»Dann musst du mal mehr Abwechslung bringen!«, sagt schlau die Frau mit dem Sonnenblumenfoto.

Das wird ja immer gern empfohlen. Das Pferd lässt sich nicht biegen? Ja, mach doch mal Bodenarbeit. Das Pferd hustet beim Antraben? Mach doch mal Bodenarbeit. Das Pferd bleibt beim Äppeln stehen? Bodenarbeit! Das Pferd hat einen hochstehenden Schweif? *Bodenarbeit!*

Alles lässt sich heutzutage angeblich durch Bodenarbeit lösen, egal, welches Problem es gibt. Bodenarbeit ist schlichtweg modern, und es trennt sich auch die Spreu vom Weizen, denn wer keine Bodenarbeit macht, ist kein Pferdeversteher und auch nicht daran interessiert, das Tier gesunderhaltend zu gymnastizieren. Glaubt ihr nicht? Sagt mal in eurer *Facebook*-Gruppe, dass ihr keine Bodenarbeit macht, weil ihr es doof findet, Rittigkeitsprobleme vom Boden zu diskutieren. Hui, da kommt es gleich ganz dicke.

Es gibt 100.000 Arten, um mit dem Pferd am Boden was zu machen, und für jede braucht man mindestens ein Buch und ein absurdes Hilfsmittelchen, das man *nur* für diese Sorte von Bodenarbeit braucht. Eine normale Peitsche ohne Schlag tut es nicht, da muss ein Carrot Stick her.

Normale Stangen sind auch nicht gut, die muss man schon anpinseln, gelb und blau machen.

Und natürlich ein Kappzaum! Alle haben einen Kappzaum, jedenfalls alle, die Bodenarbeit machen.

Der Kappzaum ist ein Aushängeschild, dafür wird oftmals ein ordentlicher Batzen Geld ausgegeben. Ist er billig und passt trotzdem, wird er unpassend diskutiert. Was billig ist, kann niemals passen – das gilt definitiv nicht nur für Sättel, sondern auch für Kappzäume. Second Hand kaufen ist auch verpönt. Warum? Weil! Viele Fragen bezüglich der Bodenarbeit werden mit einem »weil« und einem Ausrufezeichen beantwortet. Die meisten wissen nicht, warum das so ist, aber es muss so sein!

Es gibt nämlich den Bodenarbeitsknigge. Und der beinhaltet folgende Regeln:
1) Hat das Pferd keinen Kappzaum drauf, ist es keine Bodenarbeit, sondern Longieren. Was keine Bodenarbeit ist … aus Gründen.
2) Hat das Pferd dabei einen Sattel drauf, ist es auch keine Bodenarbeit.
3) Ist das Hilfsmittel eine Peitsche, ist es auch keine Bodenarbeit.
4) Hält der Bodenarbeiter einen Carrot Stick, eine Gerte, einen Tütenstock, ein Baguette oder ein Schnitzel in die Höhe, dann ist es sehr wohl Bodenarbeit.
5) Findet das Pferd Bodenarbeit doof, dann macht der Besitzer was falsch.

6) Sind Ausbinder drauf, ist es nicht nur keine Bodenarbeit, sondern obendrauf noch Tierquälerei.

7) 10 Minuten Bodenarbeit sind völlig legitim und gelten als vollwertige Trainingssession.

8) Der Kappzaum passt nicht. Nein, jetzt sag nicht: »Aber ...« Er passt nicht. Die im Internet wissen das besser als du.

9) Hat man eine ungünstige Trabphase fotografiert, lahmt das Pferd, und der Besitzer ist ein Tierquäler. Trifft einer der anderen Punkte zu, ist der Besitzer ein Tierquäler und macht keine richtige Bodenarbeit.

10) Hat man keinen Kappzaum, dann ist es auch nicht richtig.

Die anderen User werfen währenddessen immer noch mit Diagnosen um sich. Eine Userin muss das Profil der Einhornreiterin gestalkt haben, denn sie hat die Einhorn-Fanseite entdeckt und verlinkt sie gleich im Post. Und dann sagt sie auch noch voll gemeine Sachen. »Wenn das Video aktuell ist, ist das kein Wunder, dass deine Stute bockt. Die ist ja stocklahm!«

Empörung wird laut. Auf ihrer *Facebook*-Seite nehmen prompt die negativen Kommentare zu, und es wird mit jeder Minute schlimmer. Die Einhornreiterin wird richtiggehend beschimpft, mit Ausdrücken, die sie gar nicht wiedergeben kann, denn sie sind zu heftig. Da war ja das Galopper-Forum ein Kindergarten dagegen.

So schnell sie kann, löscht sie alle Kommentare, die negativ sind, und sperrt die Leute aus. Und ihren Post in der Reitergruppe löscht sie gleich mit. Der Laptop wird energisch ausgemacht. Schnaufend lehnt sie sich auf dem Sofa zurück. Also, das muss sie jetzt erst mal verdauen.

Reiter sind im Allgemeinen krass ignorant und schnell mit sämtlichen Sperrmaßnahmen zugange, die *Facebook* und gängige Pferdeforen zu bieten haben. Sie nutzen sie so inflationär, dass man nur mal schief husten muss, dann versteht man schon die Hälfte der Beiträge in der Gruppe nicht mehr, weil einem ein ganzer Teil der Diskussion schlichtweg fehlt. Und das nur, weil man irgendwann mal gesagt hat, dass das Sidepull vielleicht höher hinauf müsste. Oder der Sattel ungünstig liegt.

Reiter wollen kaum Kritik, sie wollen lieber Applaus, erst recht auf ihren eigenen Seiten. Bekommen sie den nicht, wird pauschal der Löschen-Knopf betätigt. Sofern sie ihn finden, auch direkt der Sperrknopf, und weg sind die blöden Leute, die ständig so nervige Sachen fragen wie: »Wann war der Hufschmied denn das letzte Mal da? Das sieht aber nicht gut aus!«

Wer nicht feiert, muss halt draußen bleiben.

Aber hin und wieder sind manche Fragen oder Anmerkungen durchaus berechtigt. Gerade bei großen Seiten, die sich in ihrer vermeintlichen »Vorbildfunktion« hervortun wollen.

Manchmal werden da Sachen kritisiert, die gar nichts mit dem Pferd an sich, sondern nur etwas mit dem Beitrag zu tun haben.

Zum Beispiel: »Das gefiel mir heute aber nicht so.«

Oder: »Das habe ich ja schon woanders gelesen.«

Statt gelassen auf Kritik zu reagieren, sich eventuell die Zeit für Erklärungen zu nehmen, sind die Seitenbetreiber und Jubel-Einheimsenden in Reitgruppen meist ganz rigoros – sie setzen die Person einfach auf die Ignore-Liste. Die Seitenbetreiber schließen einen sogar direkt ganz aus. Damit ja nicht schon *wieder* diese nervige Frage kommt. Diese Leute schicken dann auch ganz gerne ihre Freundinnen los und mobben die Nervenden per Privatnachricht.

Und dann immer diese Jammer-Posts:

»Weil die-und-die so böse Sachen gesagt hat, ziehe ich mich jetzt erst mal zurück.«

Das machen sie natürlich nicht, weil immer genug Applausklatscher geschlichen kommen und ihnen versichern, wie toll sie sind. Oder die vermeintlichen Angegriffenen erklären sich dann im Jammerpost ein wenig. Aber die Nervbolzen sind ja schon lange ausgeschlossen und können sich nicht mehr äußern. Dialog ist doch langweilig.

Tief in ihrem Inneren weiß auch unsere Einhornreiterin natürlich genau, dass sie keine Tierquälerin ist und sowieso einen guten Weg mit White Pearl Of Silver Moon geht. Die Stute ist doch sooo toll. Und wenn sie ganz verliebt die Shooting-Bilder mit Schaninn ansieht, weiß sie, dass es auch beim Einhorn wahre Liebe ist. Sonst wäre sie bestimmt runtergefallen, oder das Einhorn wäre durchgegangen, als sie nur mit Halsring geritten ist. Und das ist ja nicht passiert. Der ultimative Liebesbeweis zwischen Einhornreiterin und Einhorn.

Aber wie kommt sie dahin jetzt zurück? Vielleicht hat die Sonnenblumenfrau wirklich recht? Abwechslung muss her. Vielleicht mal mit dem Einhorn spazieren gehen. Oder etwas Neues lernen. Ein Umgebungswechsel? Tut ja auch mal gut.

Halt! Ihr ist soeben die Erleuchtung gekommen: ein Kurs! Vielleicht besser einen mit Bodenarbeit. Denn die hat sie ja nicht nur sträflich vernachlässigt, so ein bisschen fürchtet sie sich zudem auch davor, noch einmal vom Einhorn herunterzufallen.

Und zu wem geht man da am besten? Doch noch mal schnell den Laptop aufklappen und gucken, wer in der Umgebung ein paar tolle Kurse anbietet. Wie sie da hinkommen soll, ist ihr ein Rätsel, denn sie weiß nicht, ob die Sandra sie fahren wird. Aber das ist erst mal sekundär. Vielleicht gibt es ja auch einen tollen Kurs, der ihr vor Ort weiterhilft. Vielleicht kann sie sogar was bei sich im Stall arrangieren?

Schnell wird gegoogelt, und dann findet sie auch schon etwas, das sich richtig klasse anhört.

»Mit Pferden zusammen glücklich sein!«

Da ist von Freundschaft die Rede, von Liebe und Hingabe, von einer Partnerschaft. Mensch, das klingt doch super! Und wie schön die Bilder auf der Homepage sind! Überall glückliche Reiter auf Pferden, die frei dahingaloppieren, majestätisch den Hals recken und den Rücken ordentlich hart machen, damit der Reiter auf seinem Kissen auch richtig hoppelt. Da merkt man sofort das tiefe Vertrauen zwischen Mensch und Tier.

Die Einhornreiterin ist nicht nur hin und weg, sie hat sofort das Telefon in der Hand und erkundigt sich, wo es denn den nächsten Kurs gibt. Und sie wird nicht enttäuscht. Nächste Woche schon ist in einem benachbarten Reitstall ein Einsteigerkurs! Der kostet auch nur schlappe 300 Euro, und natürlich noch 30 Euro pro Tag, den das Pferd auf der Anlage steht.

Als sie nach Sonderpreisen für Einhörner fragt, ist man am Telefon zwar kurz verwirrt, aber beantwortet die Frage mit einem fröhlichen: »Nein!«

Ach, was soll's, einen Versuch ist es wert. Und am Ende hat sie sicher auch schön viel Stoff, den sie auf ihrer Fanseite posten kann. Dann sind die Meckerfritzen auch beruhigt, denn die schreiben ja dauernd was von professioneller Hilfe und so. Nicht, dass sie das wirklich nötig hätte, aber so ein bisschen Inspiration kann ja niemandem schaden. Am allerwenigsten dem Einhorn. Und überhaupt, man möchte ja mal sehen, was Profis vom Einhorn halten!

Deutlich zufriedener als vorhin noch überweist sie flugs das Geld und lehnt sich entspannt auf ihrem Sofa zurück. Der Kurs kann kommen.

Kapitel 19:
Manchmal hätte es auch ein Online-Kurs getan

Früh ist die Einhornreiterin auf den Beinen, als der Kurs ansteht. Und sie hat sich sogar mit Sandra ein wenig ausgesöhnt, denn die fährt sie zum Kurs. Sie wird sogar zuschauen, denn das kostet nur 80 Euro, und das kann man ja schon mal machen. Mitmachen darf sie dann natürlich nicht, sie darf nur auf der Tribüne sitzen und stumm zugucken. Aber das reicht ihr schon, und fahren tut sie das Einhorn auch.

Komischerweise ist das Einhorn bei Sandra relativ friedlich. Es möchte zwar im ersten Anlauf auch nicht auf den Hänger, aber als Sandra es einmal böse anfunkelt, hüpft White Pearl Of Silver Moon beinahe von selbst drauf.

Klappe zu, losfahren. Ein bisschen beeindruckt ist die Einhornreiterin davon schon, aber sie sagt sich, dass das normal ist, denn das Einhorn hat Angst vor Sandra, die ja doch eher grobe Methoden bevorzugt. Das macht White Pearl Of Silver Moon eben alles nicht freiwillig, und dann kann das nicht gut sein. Gottseidank geht es jetzt zu dem Kurs, wo man genau lernen kann, wie diese Freiwilligkeit erreicht wird.

»Kennst du die Reitweise schon?«, fragt die Einhornreiterin Sandra auf dem Weg.

»Hab nur mal was drüber gelesen«, antwortet sie. »Aber das war nicht gut. Da guck ich's mir jetzt lieber mal selber an.«

Zufrieden fährt die Einhornreiterin als Beifahrerin also zum Kurs und ist erstaunt, als sie in dem anderen Stall eintrifft. Den hat sie sich gar nicht angesehen, als sie auf Stallsuche war. So sauber hier alles. So ruhig. Und die Pferde stehen auch auf wirklich schönen Weiden, mit Unterstand. Einen kleinen Stalltrakt gibt es auch, aber es sind keine Pferde darin. Und eine wunderbare Halle gibt es, mit kleinen Tribünen und ganz viel Zeugs für Bodenarbeit. Ein bisschen neidisch ist sie schon auf diesen hübschen Anblick, denn ihr Stall ist ziemlich vollgemüllt, weil die Schaninn seit neuestem mit Schrott handelt.

Die Stallbesitzerin kommt auch gleich und begrüßt sie fröhlich, tätschelt das schnappende Einhorn, das auch heute wieder den Inbegriff von Fröhlichkeit darstellt, und stellt sich vor. »Hi, ich bin Rebekka.«

Die Einhornreiterin stellt sich und White Pearl Of Silver Moon vor.

»Ah, du bist wegen des Kurses da?«

Als sie bejaht, zeigt Rebekka auf den Stalltrakt. »Du kannst deine Stute erst mal reinbringen, danach treffen wir uns in der Halle. Die möchte erst mal mit den Teilnehmern reden.«

Die Einhornreiterin nickt eifrig und bringt ihr zappelndes Schimmeltier schnell in eine der Boxen, auch wenn ihr dabei nicht ganz wohl ist, denn das Einhorn kennt ja gar keine Box. Dafür ist es aber trotzdem sehr mutig, denn es geht einfach rein und mampft das Heu aus dem aufgehängten Heunetz gierig. Als hätte es nie was anderes getan.

Froh über ihr mutiges Tier geht die Einhornreiterin zurück auf den Platz und hört noch einen Teil des Gesprächs zwischen Sandra und Rebekka.

Letztere sagt gerade: »Ich weiß, dass die ein bisschen komisch sind, aber was soll man machen? Die zahlen gut und brauchen eine Halle. Da wäre ich ja blöd, wenn ich das nicht mache.«

Sandra nickt verständnisvoll.

Worum es wohl geht? Die Einhornreiterin denkt sich nichts dabei und folgt Sandra und Rebekka in die Halle, die wirklich schön aussieht. Ein Teil ist luftig geöffnet, und man kann wunderbar hineinsehen. Es staubt auch gar nicht.

Dort warten die neun anderen Kursteilnehmer ohne ihre Pferde sowie die Frau Elsenbach, die den Kurs »Mit Pferden zusammen glücklich sein« leitet.

Als Sandra und Rebekka auf der Tribüne Platz nehmen – offenbar möchte sich auch die Stallbetreiberin nichts entgehen lassen – geht es auch gleich schon los.

»Mit Pferden zusammen glücklich sein«, erklärt die Frau Elsenbach, »bedeutet, dass wir lernen, mit unseren Pferden zu kommunizieren. Das werden wir auch heute über den Tag gemeinsam versuchen. Sie sollen die Sprache verstehen, die Ihr Pferd spricht, und darauf antworten können.«

So weit, so gut. Das sagen ja viele. Generell leuchtet vieles ein, was die Frau Elsenbach zu sagen hat, und als die Einhornreiterin sich mal verstohlen zu Sandra umdreht, nickt die ihr auch zu. Und die Stallbetreiberin auch. Also kann das hier doch nicht so falsch sein, wie die Leute gerne behaupten. Vorhin, bevor das Einhorn verladen wurde, hat die Einhornreiterin noch einmal nach dem Kurs gegoogelt. Eigentlich haben viele sich im Internet ziemlich darüber lustig gemacht. Das ist sehr merkwürdig, denn die Frau Elsenbach erklärt doch wirklich gut.

Dann wird es esoterischer, es ist vom »Sein« die Rede, von der Losgelassenheit und der Perfektionssucht des Reiters, der ja immer nur besser und höher sein will als das Pferd.

Ein bisschen kopfschüttelnd nimmt die Einhornreiterin diese Anschuldigungen hin, denn sie ist so ja gar nicht. Das hat sie noch nie gewollt. Sie will eigentlich genau das, was der Kurs verspricht. Also warum schimpft die Frau Elsenbach jetzt so pauschal mit den Teilnehmern?

Noch ein paar andere wirken eher entsetzt, aber zwei oder drei nicken entschuldigend und wirken auch irgendwie schuldbewusst.

Ach so, denkt die Einhornreiterin bei sich. Denen muss man das erst mal sagen …

Der zweite Kursteil an diesem Tag besteht aus Zusehen und Lernen. Vom eigenen Pferd. Das ist interessant, denn die Frau Elsenbach arbeitet direkt mit ihr am Einhorn, das überhaupt nicht weichen will.

»Kannst du mir sagen, was die ausdrücken möchte?«, fragt die Frau Elsenbach die Einhornbesitzerin.

»Ich glaube, sie ist entspannt.«

Sie hat die Ohren angelegt, so wie immer, und stützt einen Huf auf. Die Augen sind halb geschlossen.

»Nein, die ist aggressiv!«, trumpft Frau Elsenbach auf. »Schau mal, die fühlt sich total bedroht von uns.«

Kommt der Einhornreiterin eigentlich nicht so vor.

»Wie lange hast du die schon?«

»Nicht so lang, drei Monate ungefähr.«

»Und wie wurde die vorher gearbeitet?«

»Gar nicht, die ist frisch angeritten.«

»Wer hat die denn angeritten?«

»Eine Westernreiterin.«

Das stimmt jetzt eigentlich so nicht ganz, aber die Beate war immerhin die erste, die auf dem Einhorn draufgesessen hat.

»Das ist nicht gut. Die arbeiten viel mit Druck, und du hast ein sehr sensibles Pferd.«

»Einhorn.«

»Wie bitte?«

»Schon gut.«

Die Frau Elsenbach erklärt nun eine Menge Dinge, die beim Einhorn wohl eindeutig schief gelaufen sind, denn es zappelt und schnappt schon wieder, als sie die Hufe heben will. Als die Einhornreiterin bezüglich des Equipments ausgefragt wird, ist die Frau Elsenbach aber immerhin schon etwas beruhigter. »Das ist zumindest der richtige Ansatz. Wir gehen morgen alle zusammen raus, und dann wirst du sehen, wie schön die gehen kann, wenn du ihr auch mal ein bisschen vertraust. Die warnt dich ja schließlich.«

White Pearl Of Silver Moon warnt auch gerade die Frau Elsenbach – wenn die ihr noch mal mit den groben Patschehändchen zu nahe kommt, hat sie eine sitzen. Sieht die Frau Elsenbach aber nicht, die hat ihr ja den Rücken zugedreht.

Am Ende des ersten Kurstages ist die Einhornreiterin voller gemischter Gefühle, und auch Sandra wirkt nachdenklich, als sie gemeinsam nach Hause fahren.

»Also, der Teil mit der Körpersprache hat ja noch Sinn gemacht, aber dieses Geschimpfe? Und dem Pferd ein Trauma anzudichten, das ist ja schon komisch«, meint Sandra nach einer Weile des Schweigens.

Ja, irgendwie ist das auch das, was die Einhornreiterin denkt. »Aber recht hat sie auch, wenn sie sagt, dass die Reiter ihre Pferde immer nur beherrschen wollen und so. Und auch, dass die dann oft grob werden.«

»Aber es ist doch nicht jeder so. Und ich finde auch nicht, dass sie White Pearl Of Silver Moon richtig beurteilt hat. Die hat die Macken doch nicht, nur weil da einmal eine Westernreiterin drauf saß.«

Nee, also, das glaubt nicht mal die Einhornreiterin, die sonst sehr schnell bereit ist, jedweden Unsinn zu glauben, den sie so aufschnappt.

»Bin ja mal gespannt, was das morgen gibt, wenn ihr alle reiten sollt«, fährt Sandra fort.

Ja, da ist die Einhornreiterin auch gespannt drauf.

Als der nächste Morgen graut, ist unsere Einhornreiterin schon früh auf den Beinen und lässt sich von Sandra wieder zurück auf den netten Hof bringen, der ihr wirklich ausnehmend gut gefällt.

Auch das Einhorn ist deutlich freundlicher in seiner Box. Es wirkt frisch und irgendwie besser gelaunt als bei der Schaninn im Offenstall. Vielleicht hat das Futter besonders gut geschmeckt.

Als sie bei Rebekka nachfragt, was die ihr gegeben haben, lacht die aber nur und sagt: »Hafer und Heu.«

Hm, also das muss sie sich mal merken. Die Schaninn hat ihr ein teures Müsli mit Mais empfohlen, das sie füttert.

»Auf geht's«, ruft die Frau Elsenbach da auch schon. Sie hat ihnen allen echt tolle Pads mitgebracht.

Und ihr eigenes Pferd, einen schicken Araberhengst. Schwarz wie die Nacht. Der ist auch sehr interessiert an seiner Umwelt, vor allem an den Stuten der Kursteilnehmer. Aber die Frau Elsenbach hat den super im Griff, sagt sie, und reicht der Einhornreiterin eins von diesen Wunderpads. Und gebisslos soll sie reiten. Aber das kann sie ja schon.

Das Einhorn ist ebenfalls sehr begeistert von Frau Elsenbachs Hengst. Die wird augenblicklich rossig.

Strahlend erklärt Frau Elsenbach erst einmal, wie das Pad zu verschnallen ist und dass die Helme gefälligst drinnen bleiben, aber es hat sowieso keiner ihrer Teilnehmer einen dabei. Helme sind eben unmodern.

Rebekka möchte mitreiten, allerdings nicht auf einem solchen Pad. Und nicht gebisslos. Und nicht ohne Helm. Findet die Frau Elsenbach jetzt nicht so super, aber sie will sich wohl nicht mit der Reitstallbetreiberin anlegen, immerhin braucht sie ja einen Gastgeber für ihre Kurse.

Sandra winkt ab, als man ihr anbietet, auf einem Schulpferd von Rebekka mitzureiten. Sie geht erst mal im Reiterstübchen frühstücken.

Unsere Einhornreiterin ist eigentlich recht zufrieden. Ohne Steigbügel zu reiten, ist sie gewohnt, denn sie kann ja auch mit

Halsring reiten, was sie der Frau Elsenbach auch gleich auf die Nase bindet.

Die ist relativ mäßig begeistert, wahrscheinlich, weil die Basics noch nicht stimmen, wie es gestern in der Halle hieß. Ihr Einhorn und sie sind ja noch kein richtiges Team.

Im gemächlichen Schritt geht es vorwärts, die Hofausfahrt hinaus, noch in Reih und Glied, dann ab ins Feld.

»Ihr müsst euren Pferden viel mehr Raum für ihre eigenen Gedanken geben. Die dürfen auch mal bestimmen«, erklärt die Frau Elsenbach, am Waldrand angekommen. »Wenn sie mal schneller werden wollen, lasst sie.« Und – schwupp! – galoppiert ihr Hengst davon.

Die Kursteilnehmer folgen noch ein wenig unsicher, sie wackeln auf ihren Pads herum. Aber ihre Pferde sind alle unruhig und wollen dem schönen Schwarzen hinterher. Und weil die Frau Elsenbach ja gesagt hat, dass man auf jeden Fall dem Pferd seinen Willen lassen sollte, geben sie nach und sehen dabei aus wie Schlümpfe auf einem Trampolin.

Unkontrolliert sprengen die Tiere davon, das Einhorn ganz vorn, das mal wieder sämtliche Bahnrekorde für den Feldweg bricht. Es schießt sogar am schwarzen Hengst vorbei.

Strahlend sitzt die Einhornreiterin drauf. So ganz sind ihre Träume vom künftigen Renneinhorn ja noch nicht begraben. Immer schneller wird das Einhorn, das hört gar nicht mehr auf. Allerdings ist ein paar Meter weiter der Weg zu Ende, und die Stute stoppt mit quietschenden Reifen.

Toll! Das Einhorn gibt auf sie acht. Da ist ja doch die Freundschaft, die sie immer mit ihrem Tier haben wollte. Schlechte Tage gibt es doch immer mal. Warum hat sie nur so sehr gezweifelt? All die Anspannung der letzten Tage fällt von ihr ab. Super, dieses »Mit Pferden zusammen glücklich sein«!

Das wird sie auf jeden Fall morgen jedem bei *Facebook* empfehlen, der ihr in die Quere kommt.

Mit sich, White Pearl Of Silver Moon und der Welt total zufrieden lässt sie ihr Einhorn ein paar Grashalme naschen. Um ihren guten Willen zu zeigen, steigt sie sogar ab.

Hinter sich hört sie den Hufschlag der anderen. Die Trantüten kommen jetzt erst am Ende des Waldwegs an.

Sie streichelt dem Einhorn den warzigen Kopf. Die Warzen sind leider immer noch nicht weg, aber sie sehen etwas besser aus als sonst, jedenfalls findet das die Einhornreiterin.

»Bist du runtergefallen?«, fragt die Frau Elsenbach und springt von ihrem Pferd.

»Nee, ich bin abgestiegen. Sie soll doch auch ein bisschen genießen.«

»Das ist gut«, lobt die Frau Elsenbach. »Man kann auch mal absteigen. Man muss schließlich nicht immer reiten. Das ist auch eine Form des Respekts.«

Glühend vor Stolz dreht sich die Einhornreiterin zu ihrem Einhorn um und tätschelt ihm den Hals. Allerdings benimmt dieses sich plötzlich ganz komisch …

Bevor sie überhaupt registriert, was da passiert, wird die Frau Elsenbach von ihrem Hengst umgenietet, und der hat ganz klar das Einhorn im Visier. Bevor sich unsere Einhornreiterin todesmutig dazwischen werfen kann, ist der schon voll dabei. Im Deckakt. Vor aller Augen …

KAPITEL 20:
BABY-EINHÖRNER FREI HAUS

Da hat die Einhornreiterin nun den Salat. Der tolle schwarze Hengst von der Frau Elsenbach hat ihr Einhorn geschwängert, wie der Tierarzt ihr nach ein paar Wochen mitteilt.

Unsere Einhornreiterin weiß nicht mehr weiter. Ein Fohlen ist ja echt niedlich, aber eigentlich hätte sie lieber eins von einem schönen Schimmel gehabt, so toll der schwarze Hengst auch war. Und überhaupt, das ist ihr alles ein bisschen zu schnell gegangen. Wenn man züchtet, soll man sich das gut überlegen. Sagen die auf *Facebook* jedenfalls immer. Und sie hat sich gar nichts überlegt. Dafür hat sie jetzt ein trächtiges, sehr biestiges Einhorn, das leider gar nicht mehr so ist wie im Kurs.

Denkt sie an ihre eigene Schwangerschaft zurück, wundert sie das zwar nicht gerade, aber irgendwie hätte sie gerne das liebe Tier aus dem Kurs zurück.

»Was mach ich denn jetzt?«, fragt sie Sandra am Telefon.

»Na, du musst jetzt abwarten. Noch ist da ja nicht viel, und sie kann natürlich auch das Fohlen noch verlieren. Und das Kind ist ja nun im Brunnen. Eigentlich müsstest du diese Frau Elsenbach auch anzeigen. Die hatte ihren Hengst ja überhaupt nicht unter Kontrolle. Stell dir mal vor, der wäre aufgesprungen, als du noch draufgesessen hast ...«

Na, also, verklagen möchte sie die Frau Elsenbach jetzt nicht gleich, denn eigentlich war der Kurs doch ganz toll. »Hm«, macht sie nur und ist immer noch so ratlos.

Ihr Mann ist auch ziemlich sauer, der hat nämlich gesagt, dass ein zweites Pferd nicht in die Tüte kommt, und sie musste bereits hoch und heilig versprechen, dass das Fohlen anschließend verkauft wird. Aber das geht doch nicht! Das ist das Fohlen von White Pearl Of Silver Moon. Und einem schönen schwarzen Araberhengst. Der sah aus wie im Film!

Damit befasst sie sich aber noch nicht. Erst mal hat sie eingelenkt. Aber sie bekommt ihren Mann bestimmt noch rum, wenn der süße Fratz erst da ist. Vielleicht wäre das ja ein Pferd für ihre Tochter Emma? Die hätte doch bestimmt auch gerne ein Pony oder ein richtiges Pferd. Warum also nicht den Nachwuchs von White Pearl Of Silver Moon?

Auf ihrer *Facebook*-Seite verkündet sie heute endlich die frohe Nachricht und knackt damit die magische Zahl der 1.000 Follower. Allerdings sind da auch die Kritiker schon wieder zur Stelle, die fragen, ob das überhaupt gewollt war.

Als sie verneint, sind die empört.

Ist ihr egal. Seriöse Zucht wird überbewertet, denn auf Papieren kann man nicht reiten. Sieht man ja am Einhorn. Egal, ob das jetzt Papiere hat – Hauptsache, der Reiter wird damit glücklich, und unsere Einhornreiterin ist glücklich. Auch wenn es überall Warzen hat. Und eben ein Horn.

Überhaupt, solche Dinge wie Vorerkrankungen könnte man ja alle im Keim ersticken, wenn man wollte. Das wäre ja langweilig. Dann hätte man keine Pferde, die wie Dackel aussehen, keine Ponys, die wie Rollmöpse aussehen, keine felllosen Ekzemerstuten mit dem fünften Fohlen bei Fuß.

Immer wieder kommt so ein Sepp in unzählige Reitergruppen und bietet seinen *tollen* Hengst an. Der ist so toll, dass er weder von korrektem Exterieur noch von Papieren je etwas gehört hat. So was braucht der Hengst von Welt nicht. Eigenleistung? Der steht rum! Ist doch wohl Leistung genug. Bei seinem Gebäude sicherlich richtig!

Hat er dann noch eine Sonderfarbe, flippen die Stutenbesitzer völlig aus. Die sehen nur das Bling-Bling-Hengstchen im Goldlack und malen sich schon ihr nächstes Kaderpferd aus. Egal, welcher Reitlehre sie anhängen. Das Fohlen wird dann eben wahlweise Dressurkracher, Springcrack oder Reining-Meister.

Mittlerweile sind die Reitergruppen gegen solche Blender allerdings geimpft. Die reagieren nicht unbedingt nett auf solche Angebote. Da wird der Hengsthalter dann doch ein bisschen von der Seite angemacht.

Deckangebote gibt es dennoch zuhauf.

Übrigens auch von Stutenhaltern, deren Qualifikation als Züchter die ist, dass sie eine Stute besitzen. Am besten auch in Sonderlack. Oder auch nicht. Man möchte ja »veredeln«.

Das Fohlen behalten? Nee, wieso? Kann man doch teuer verkaufen. Na ja, wenn die Stute alt ist, dann vielleicht, damit man gleich wieder ein Pferd hat, dann behält man es. Ein Fohlen, das aussieht wie ein Dackel. Aber es hat Tupfen! Wow!

Auf Sonderlack kann unsere Einhornreiterin leider nicht hoffen, denn das Einhorn ist langweilig weiß und der Hengst langweilig schwarz. Gibt das Schwarzweiß? Sicher ist sie sich damit nicht, mit Farblehre hat sie sich noch nicht auseinandergesetzt. Da wird sie mal die Schaninn fragen.

Im Internet liest sie sich schon mal warm, was so eine trächtige Stute braucht. Wird aber nicht wirklich schlau daraus. Außer, dass sie eine große Box brauchen wird. Was jetzt schon ein Problem ist, denn bei Schaninn ist die einzige Box, die es gibt, mit Trödel zugemüllt.

Überhaupt hat die Sandra ihr den Floh ins Ohr gesetzt, dass das Einhorn in einem anderen Stall vielleicht deutlich glücklicher wäre, dass das Heu im jetzigen minderwertig wäre und dass die Schaninn eigentlich überhaupt keine Ahnung von Pferden hat. Und die Herdenkonstellation stimmt schon gar nicht.

Nun ja, das Einhorn steht wirklich immer allein rum, weil die anderen Pferde es nicht mitspielen lassen wollen. Aber es ist eben auch ein Einhorn, das hat es sicher in anderen Ställen auch schwer. Außerdem hat die Schaninn gesagt, dass es manchmal Monate dauert, bis eine Gruppe sich findet. Und das Pferd von der Beate ist doch so dominant. Da muss man auch mal Verständnis haben. Das hat unsere Einhornreiterin zum Glück, die versteht einfach *alles*.

Also stößt Sandra bisher noch auf taube Ohren. Auch wenn die Einhornreiterin weiß, dass spätestens zum Geburtstermin des Fohlens etwas passieren muss.

Doch bis dahin, das hat ihr der Tierarzt versichert, darf sie ganz normal reiten, das soll sie sogar, denn das wäre sehr gesund, da es jetzt ja auch anscheinend wieder besser mit dem Einhorn klappt. So mehr oder minder, denn mit jedem Tag, den es länger bei Schaninn steht, ist es auch wieder aufmüpfiger.

So auch heute. Dabei möchte die Einhornreiterin endlich mal an der Anlehnung arbeiten. White Pearl Of Silver Moon sieht das ganz anders. Die spielt Giraffe beim Reiten und möchte am liebsten mit allen Vieren in die Luft springen. Also, so wird das nichts mit dem entspannten Reiten.

Unsere Einhornreiterin denkt zur Abwechslung mal nach. Es geht nicht an, dass das Einhorn immer den Kopf hochstreckt. Das sieht nicht schön aus. Im Galopp auf freiem Feld ist das ja noch in Ordnung, denn da meckert keiner, wenn sie die Fotos auf *Facebook* einstellt. Aber auf solchen »Arbeitsfotos«, da sollte die Stute schon ihre Rübe runternehmen.

Sie fragt die Schaninn um Rat, denn die wuselt gerade im Stall herum.

»Wie kann ich denn White Pearl Of Silver Moon tiefer einstellen?«, fragt sie neugierig, weil die Schaninn immer eine Antwort hat.

»Du musst viel spielen. Aber ja nicht zu tief. Das ist Rollkur und schlecht für den Rücken. Davon überdehnt das Nackenband. Immer schön locker am Zügel, dann kommt das von selbst.«

»Aber beim Dressurreiten machen die das schon anders, oder?« Das sieht nämlich definitiv anders aus.

»Ja, die reiten aber auch alle Rollkur. Dressurreiten, pah ...« Das Wort spuckt sie regelrecht aus. »Du willst doch wohl nicht Dressurreiter werden?«

»Nein, aber ich möchte, dass sie den Kopf endlich mal runternimmt.«

»Ja, das kommt noch. Die ist doch noch gar nicht so lange unterm Sattel.«

»Hm«, macht die Einhornreiterin etwas ratlos. Schade. Irgendwie hat sie gehofft, dass die Schaninn einen besseren Rat hat als Abwarten.

Vielleicht probiert sie es doch mal wie die Dressurreiter? Natürlich nur, wenn die Schaninn gerade nicht hinschaut. Doch, ja.

Sie wechselt die Lokation, denn von hier aus kann die Stallbesitzerin sie nicht mehr sehen, und nimmt mal die Zügel deutlich kürzer. Und siehe da, das Einhorn hat den Kopf an der Brust! Super. Das geht ja doch. Ein bisschen mäkelig ist es zwar, es zieht ziemlich, aber es geht. Noch ein wenig hier zerren und da ziehen, und dann lässt sich das Einhorn auch endlich durchs Genick reiten. War doch viel einfacher, als die Schaninn gesagt hat.

Allerdings kratzt das auch am Grundvertrauen der Einhornreiterin zur Stallbetreiberin. Wenn die so ablehnend solchen Sachen gegenübersteht und scheinbar keine Ahnung hat, wie das überhaupt geht, wie soll sie sie dann weiter bei ihrem Einhorn beraten?

Voller neuer Sorgen reitet sie zwei Runden Schritt, versorgt das Einhorn dann und entlässt es in die Freiheit.

Dabei hat sie unwissend den einzigen Moment erwischt, in dem die Schaninn auch nur ansatzweise recht hatte. Da war tatsächlich ein Funken Wahrheit in ihrer Aussage. Den erkennt aber unsere geblendete Einhornreiterin nicht.

KAPITEL 21:
REITBETEILIGUNG FÜRS EINHORN

Mittlerweile ist das Leben ganz schön stressig für die Einhorn-reiterin, denn sie geht nun wieder arbeiten. Nicht nur, damit sie ihrem Einhorn etwas bieten kann, es muss auch einfach sein, damit endlich die Eigentumswohnung abbezahlt werden kann. Aber woher die Zeit für White Pearl Of Silver Moon nehmen, wenn nicht stehlen? Und die Zeit für Emma und ihren Mann? Der schimpft nämlich immer häufiger, wenn sie sich wieder stundenlang im Stall herumtreibt und nur Selfies, Gestank und Dreck mit nach Hause bringt.

Mit Sandras Hilfe wird ihr das Ausmaß und die nötige Konsequenz ihrer Lage bewusst. Eine Reitbeteiligung muss her. Und die muss bestimmte Bedingungen erfüllen, denn sie überlässt ja nicht jeder x-beliebigen Person ihr geliebtes Einhorn, das mittlerweile in allerlei Variationen die neue Wohnung ziert. Wovon ihr Mann übrigens sichtlich genervt ist, denn die Bilder seiner Oldtimer mussten dafür aufs Klo umziehen.

Mit Sandra zusammen stellt die Einhornreiterin folgende Bedingungen auf, die sie auch in einer Internet-Anzeige formuliert:

»Super süßes Einhorn, 9 Jahre, Araber, sucht *dich*!

Bist du eine verantwortungsvolle junge Erwachsene, die sich nicht zu fein ist, auch mal im Regen zu reiten? Dann lern doch White Pearl Of Silver Moon kennen. Mein Einhorn ist ein sehr nettes Tier, von dem du wirklich noch etwas lernen kannst.

Mithilfe im Stall wird vorausgesetzt.

Mindestens L-Kenntnisse solltest du mitbringen. Kostenbeteiligung: 100 Euro/Monat für 2 Tage in der Woche. Die Tage sind frei wählbar.«

Kurz, knapp, präzise und schamlos gelogen. Obwohl man von White Pearl Of Silver Moon natürlich lernen könnte, wie man am schönsten auf ihrem Rücken zur Geltung kommt. Das kann sie einem bieten – das kann die Besitzerin bezeugen.

Sandra findet das Ganze ein bisschen teuer, aber die Einhornreiterin weiß: Was nichts kostet, ist auch nichts wert. Sie teilt die Anzeige auch gleich auf ihrer Fanseite, vielleicht findet sich ja dort ein williger Einhornfan, der die Stute mal reiten möchte.

Und Kosten spart sie durch die ganze Sache auch. Richtig super.

Die Anzeige ist tatsächlich noch gar nicht lange online, da meldet sich die erste L-Reiterin per *WhatsApp*. Sie versichert super Reitkünste und bietet eine Menge Sachen an. Zum Beispiel ihr Longierabzeichen. Oder ihre Turniererfolge.

Lose verabredet man sich auf den nächsten Tag. Unsere Einhornreiterin ist ganz verzückt – sollte das am Ende so einfach sein?

Wer ist am nächsten Tag im Stall? Die Einhornreiterin. Und wer ist nicht da? Richtig, die L-Reiterin.

Dass das ein Muster ist, muss unsere Einhornreiterin in den kommenden Tagen am eigenen Leib erfahren. Absagen ist einfach nicht cool. Da lässt man es lieber gleich bleiben.

Eine Bewerberin kommt dann doch noch. Am Samstag in der Früh steht sie mit Sack und Pack bei der Schaninn im Stall und winkt fröhlich. Stellt sich als Angie vor und bekommt prompt große Augen, als das Einhorn antrabt.

»Geht die immer so?«

»Ja, die war gerade beim Hufpfleger, danach muss die sich erst einlaufen«, erklärt die Einhornreiterin genervt. Warum muss man das eigentlich immer dazusagen? Andere Leute werden sich ja wohl auch mit Pferden auskennen. Na, vielleicht nicht mit Einhörnern. Muss daran liegen.

Angie erzählt ein bisschen von sich. Dass sie mal bei ein paar Dressurturnieren gestartet ist, aber eigentlich lieber ausreiten geht. Und dass sie sich früher lange um ihr krankes Pflegepferd gekümmert hat, bevor es eingeschläfert wurde.

Die Einhornreiterin hört gar nicht richtig zu, die überlegt bereits, welche Tage sie Angie geben soll und wann sie das Geld bekommt. Man kann schon ein paar nette Dinge kaufen, wenn man mal eben 100 Euro im Monat spart. Und mit ihrer neugewonnenen Freizeit kann sie auch richtig was anfangen. Die Seite weiter ausbauen, mehr Berichte schreiben, an mehr Gewinnspielen teilnehmen, mehr Fans anwerben. Und vielleicht ein oder zwei neue Schibbi-Schabbis ergattern. An den alten hat sie sich schon satt gesehen. Und das Einhorn sicher auch.

»Du kannst das ja, oder?«, fragt sie, und Angie nickt.

Die Einhornreiterin gibt sich hilfsbereit und holt schon mal Sattel und Trense aus dem Kabuff.

»Kannst du gebisslos reiten?«, fragt sie misstrauisch.

»Ja, ich bin ziemlich lang mit Sidepull geritten.« Auch das noch. Klingt doch alles toll.

Die Einhornreiterin schaut zu, wie Angie das Einhorn sattelt, das sich sehr merkwürdig präsentiert. So verdammt ruhig. Und die Ohren sind auch nicht im Genick. Komisch. Ob sie krank ist? Oder Angie nicht mag?

Ehe sie überhaupt den Gedanken weiterverfolgen kann, ist das Einhorn schon fertig, und Angie sitzt auf. Mit Helm. Wahrscheinlich eine eher ängstliche Reiterin. Ob die wohl mit White Pearl Of Silver Moon klarkommt? Beate hat ja gesagt, die wäre sehr dominant. Frau Elsenbach hat gesagt, sie wäre traumatisiert. Ach, die Einhornreiterin weiß selbst nicht mehr so recht, was sie glauben soll.

»Trab die ruhig schon mal an«, sagt unsere Einhornreiterin nach zwei Minuten ungeduldig.

»Aber die soll sich doch einlaufen«, widerspricht Angie. Na, auch das noch. Eine Klugscheißerin wollte die Einhornreiterin eigentlich nicht haben.

Sie lässt Angie dennoch ihren Willen und wartet sage und schreibe zwanzig Minuten, bis die endlich mal was mit dem Einhorn macht.

Das Einhorn schnaubt zufrieden ab und beginnt zu traben. Immer noch ein bisschen komisch, aber deutlich besser als vorhin noch. Da die Einhornreiterin sich nie selbst beim Reiten sieht, weiß sie nicht, ob Angie es am Ende nicht vielleicht besser macht als sie selbst.

So ist sie der Meinung, dass sie ihr Einhorn richtig super eingeritten hat und gerade die Früchte ihrer Arbeit ernten kann. Da hat Angie nichts mit zu tun.

Sie schaut eine Weile zu. Klappt doch eigentlich. Obwohl sie sich immer noch sehr wundert, weil das Einhorn die Ohren aufstellt und eher konzentriert wirkt als aggressiv. Erstaunlich.

Am Ende des Tages wirkt das Einhorn rundum zufrieden und Angie eigentlich sehr zuverlässig.

Sie hat auch Lust auf die Reitbeteiligung und würde gerne nächste Woche noch mal zum Probereiten kommen.

Das ist unserer Einhornreiterin aber irgendwie nicht recht. Kann die nicht schon alleine reiten? Das fragt sie Angie auch so.

Die guckt nur komisch, sagt aber: »Ja, wenn das für dich okay ist, kann ich auch alleine herkommen.«

»Ja, wäre mir lieber. Ich habe ja nicht so viel Zeit, deswegen suche ich eine Reitbeteiligung.«

»Wie wollen wir das mit dem Geld machen?«, fragt Angie.

»Ach, das legst du mir einfach zum Sattel dazu. In den Putzkoffer, ich nehm das dann am nächsten Tag mit.«

»Okay.« Angie tätschelt das Einhorn, das einmal zaghaft die Nüstern an der Wange der zukünftigen Reitbeteiligung reibt.

Unsere Einhornreiterin sieht es zum Glück nicht, die ist immer noch voll damit beschäftigt, ihren Putzkoffer zum Safe umzufunktionieren.

Als sie damit fertig ist, ist das Einhorn schon wieder Richtung Kumpane gelaufen, und sie sieht nur noch einen weißen Hintern am Horizont.

»Die ist übrigens trächtig«, klärt sie Angie auf. »Also ein bisschen vorsichtig, ja?«

Angies Augen leuchten. »Ach, süß. Ist sie denn schon weit?«

»Nein, ist gerade erst gedeckt worden.«

»Oh. Das ist aber spät im Jahr.«

Als unsere Einhornreiterin davonfährt, weiß sie schon gar nicht mehr, warum sie eine Reitbeteiligung haben wollte. Die nervt ja mal total. Die ganzen Fragen und so … Ob das eine gute Idee war?

KAPITEL 22:
EINHORNREITERIN AUF ABWEGEN

Mittlerweile ist es Winter, und in Schaninns Stall stapelt sich allerhand Gerümpel. Ihr Trödelgeschäft läuft entweder sehr gut oder sehr schlecht, so ganz blickt unsere Einhornreiterin da nicht durch.

Das Einhorn ist leider verletzt, denn das hat zu eng mit einer alten Kühltruhe, die auf der Weide liegt, gekuschelt. Jetzt hat es einen Schnitt in der Brust, das Plastik ist gesplittert.

Und das, nachdem es in der vorigen Woche schon eine leichte Kolik hatte, denn die Schaninn hat vergessen, Wasser zu geben. Sie war im Kurzurlaub, und die Pferde standen den ganzen Tag ohne Wasser da. Außerdem hat sie das Heu reduziert. Begründung: White Pearl Of Silver Moon rupft das immer aus der Raufe und trampelt darauf herum. Dafür kauft sie ja nicht das Heu! Dass unsere Einhornreiterin das ja bezahlt, ist der Schaninn egal. Weniger Heu ab jetzt. Ihr Haflinger ist sowieso schon zu fett.

Und teurer soll die Stallmiete auch werden. Die Selbstkosten steigen – kennt man ja.

Seufzend schaut die Einhornbesitzerin dem Tierarzt beim Nähen zu. Eine Woche nicht reiten, das ist zwar nichts Wildes, aber: Muss das wirklich sein?

Die übers Telefon herbeizitierte Schaninn hat darauf nur eine Antwort: »Stell dich mal nicht so an, das ist Offenstallhaltung. Da verletzen sich Pferde auch mal.«

Ja, schon, aber an Kühltruhen? Es ist doch sehr unrealistisch, dass eine solche Verletzung in der freien Natur auftritt.

Angie ist schon benachrichtigt, dass sie nicht reiten darf, aber die scheint das nicht krumm zu nehmen. Wenigstens etwas. Ständig fragt sie Sachen über *WhatsApp*. Ob sie das Einhorn auch bei Regen reiten darf, welche der verschiedenen Zäumungen ihr am besten liegen … Mann, so was weiß doch die Einhornreiterin nicht! Angie nervt, aber sie braucht die freie Zeit im Moment dringend.

Auch als sie Schaninn auf die Möglichkeit einer Abfohlbox angesprochen hat, ist die ein bisschen empört gewesen und hat gesagt: »Das kann man doch draußen machen.«

Das lässt sich unsere Einhornreiterin jedoch nicht gefallen. Überall steht, dass Stuten eine Abfohlbox brauchen. Das gilt definitiv auch für Einhörner, da ist sie sich sicher.

So spielt sie nun tatsächlich mit dem Gedanken, den Stall zu wechseln. Die Wunde hat das Fass zum Überlaufen gebracht. Über all den anderen Unfug kann sie ja noch hinwegsehen, auch darüber, dass ihr Einhorn sich in der Gruppe nicht sonderlich wohl fühlt, aber über die Verletzung nicht. Wer dem Einhorn wehtut, hat einen Feind fürs Leben!

Vorsichtig horcht sie mal im Internet nach. Natürlich windelweichgespült.

»Mein Einhorn wird nächstes Jahr ihr Fohlen bekommen, und ich suche einen geeigneten Stall dafür, da leider Fohlenhaltung in meinem Stall nicht möglich ist.«

Das stimmt sogar mal. Sie postet es aber nur in die fremden *Facebook*-Gruppen, nicht auf ihre eigene Seite, denn da liest die Schaninn mit und kommentiert auch immer, wie toll es White Pearl Of Silver Moon doch in ihrem Stall geht.

Lieber also schön in einer anderen Gruppe fragen. Und es stimmt ja auch: Es gibt keine Abfohlbox in Schaninns Offenstall, und sie will auch keine bauen.

Dieser Post nimmt eine beängstigende Dynamik an, denn die Leute geben plötzlich wertvolle Tipps. Fragen auch ganz normal nach und erzählen nicht solche Sachen wie die Schaninn, die ja sagt, dass eine Stute ihr Fohlen doch einfach auf der Weide bekommen soll.

Nein, die geben ihr Adressen und Links zu Höfen in ihrer Umgebung, und es ist plötzlich so einfach. Der unruhige Gedanke fühlt sich richtig an: Das Einhorn soll ausziehen bei der Schaninn. Das geht einfach nicht mehr.

Gestern kam schon wieder eine Lieferung Trödel an, und die liegt direkt vor dem Weidetor. Müßig zu erwähnen, dass man gar nicht mehr durchkommt und unsere Einhornreiterin es nicht mal schafft, ihr Einhorn zum Anbindebalken zu führen.

Sandra wird angerufen. »Du, ich möchte umziehen!«

»Gottseidank«, macht die und scheint sich wirklich darüber zu freuen. »Das Matschloch ist nichts für so ein sensibles Pferd. Und die Stallbetreiberin pflegt nichts daran. Ich bin vorgestern beim Gassigehen dran vorbeigekommen. Der Zaun hinten ist komplett runtergetrampelt, und das bestimmt schon seit Wochen. Die können da einfach rein und raus. Ich hab versucht, dich anzurufen, aber du bist nicht drangegangen. Und diese komische Schaninn erreicht man ja nie.«

Unsere Einhornreiterin erinnert sich dumpf daran, dass gestern das Telefon geklingelt hat, aber sie war mit Emma in der Badewanne und hat nicht abheben können.

»Oh«, macht sie bestürzt und fühlt sich plötzlich wie eine Rabenmutter.

»Ich fand den Stall von der Rebekka echt gut. Weißt du noch? Da, wo der Kurs war.«

Ja, der hat der Einhornreiterin auch gut gefallen. Den hat sie sogar immer im Gedächtnis gehabt, wenn sie mal den Gedanken zuließ, dass ein Stallwechsel wohl angebracht wäre.

»Ich frage mal nach, wie die Preise da sind. Ich würde sie gerne weiter im Offenstall haben.«

»Da musst du aber vorsichtig sein, wenn die die Gruppe zusammenführen. Nicht, dass sie getreten wird und das Fohlen verliert.«

Darüber hat sich die Einhornreiterin noch gar keine Gedanken gemacht. Aber es leuchtet immerhin ein.

»Für deine Reitbeteiligung ist das bestimmt auch machbar. Wirklich weit ist das nicht, oder?« Was die Sandra sich immer alles merken kann, das ist schon erstaunlich.

»Ich rufe da mal an«, sagt die Einhornreiterin kleinlaut und legt auf.

Oh je … jetzt hat sie den Salat. Die Schaninn wird ausflippen, wenn sie auszieht, die nimmt immer alles so persönlich. Also wird sie definitiv Terror machen.

Rebekkas Nummer ist schnell gefunden, und die erinnert sich sogar noch an die Einhornreiterin.

»Ach, du warst damals auf dem Kurs bei uns, oder? Mit deiner Freundin und der Schimmelstute?«

Unsere Einhornreiterin ist immer noch so kleinlaut, die kann nicht mal »Einhorn« einwerfen. »Sag mal, habt ihr noch Platz für die trächtige White Pearl Of Silver Moon? Bei uns am Offenstall ist nur noch Chaos«, gibt sie ehrlich den Ist-Zustand zu. »Ich bin echt ratlos. Wir haben keine Abfohlbox und nichts, und zuletzt war ständig der Tierarzt da, weil da nichts mehr gepflegt wird.«

»Ach, du lieber Gott«, piepst die Rebekka. »Hast du einen Vertrag? Oder kannst du direkt ausziehen?«

»Nee, es gibt keinen Vertrag, ich kann sofort weg.«

»Dann räume ich dir morgen eine Box hier. Möchtest du in den Offenstall oder lieber eine Paddockbox?«

»Weiß nicht ...«, murmelt die Einhornreiterin hilflos. »Ich glaube, die Paddockbox ist besser. Weil sie doch trächtig ist.« Manchmal will die Einhornreiterin immer noch »schwanger« sagen, denn es ist schließlich ein Einhorn, nicht ein langweiliges Pferd.

»Okay. Bankdaten bringe ich dir morgen mit, das kostet 380 Euro im Monat.«

»Alles klar.« Der Einhornreiterin ist es jetzt echt egal, dass Rebekkas Stall ein bisschen teurer ist. Das geht einfach nicht mehr. Der Tierarzt addiert sich ja derzeit auch wöchentlich zu den laufenden Stallkosten. Die Rechnungen hat sie noch nicht mal alle bezahlt und muss die auch irgendwie ein bisschen vor ihrem Mann geheim halten. Der hat nämlich klar zu bedenken gegeben, dass das Einhorn abgeschafft wird, wenn es zu viele Kosten verursacht. Und viele Kosten verursacht es derzeit wirklich. Oder vielmehr: Schaninns Robusthaltung tut das.

Schnell wird noch Sandra eine *WhatsApp*-Nachricht geschrieben. »Kannst du uns morgen zu Rebekka fahren?«

»Klar«, kommt es prompt zurück. »Um 10?«

Die Einhornreiterin denkt nach. »Nee, lieber mittags, da ist die Schaninn nie da.«

»Na, wie du meinst. Aber du wirst es ihr schon sagen müssen.«

Ja, wird sie. Sie verfasst schnell in Word einen Brief und druckt ihn aus. Den kann die Schaninn ja dann lesen, wenn sie und ihr Einhorn über alle Berge sind.

Liebe Schaninn,
wir sind heute ausgezogen. Du hast das Geld für diesen Monat ja noch, das möchte ich bitte bis zu diesem Tag zurück. Grund dafür ist die Tatsache, dass White Pearl Of Silver Moon sich ständig an deinem Gerümpel verletzt. Der Zaun ist auch nicht sicher, und du brichst ständig deine Absprachen. Wenn du Wasser geben sollst, stehen die Pferde ohne da. Das geht einfach nicht. Geld kannst du mir auf mein Konto zurücküberweisen.
Gruß
Einhornreiterin

So, das muss reichen. Unsere Einhornreiterin hat nicht einmal die Geduld, den Brief nett und höflich zu formulieren, denn ihre Nerven liegen blank. Hoffentlich verletzt sich das Einhorn nicht schon wieder an seinem letzten Tag. Das wäre jetzt noch die Krönung.

Müde geht sie an diesem Tag zu Bett. Hoffentlich gibt das keinen Ärger mit der Schaninn – doch diese Hoffnung ist vergebens.

KAPITEL 23:
BEEF!

Nervös trifft die Einhornreiterin am nächsten Tag im Matschloch, respektive Stall, ein. Das Einhorn steht schon am Zaun und wackelt so komisch. Ist die krank?

Sandra ist bereits mit dem Hänger angekommen. »Die webt ja«, sagt sie.

Was? Handarbeiten? Stricken? Wovon redet Sandra?

»Das machen verhaltensgestörte Pferde. Oder gelangweilte Pferde.«

Oh, je ... auch das noch! *Verhaltensgestört*. Hatte die Frau Elsenbach am Ende recht?

»Lass uns schnell verschwinden«, zischt die Einhornreiterin und rennt zur Sattelkammer hinüber, um ihren halben Reitladen in Sandras Hänger umzuräumen.

Das ist zum Glück schnell geschafft, denn Angie hält Ordnung in der Pseudo-Sattelkammer.

Der Brief wird schnell an die Holztür gepinnt und das Einhorn aufgeladen. Dieses Mal versucht die Einhornreiterin gar nicht erst, White Pearl Of Silver Moon selbst auf den Anhänger zu führen. Das darf die Sandra machen, und da gibt es auch gar kein Pardon.

Dennoch ist die Einhornreiterin total angespannt und fürchtet sich vor der Schaninn, die jeden Moment um die Ecke kommen könnte. Sie hat aber Glück: Keine Schaninn weit und breit!

Sie atmet trotzdem erst erleichtert auf, als der Stall außer Sichtweite ist.

Jetzt kann das neue Leben anfangen. Mit einer zufriedeneren White Pearl Of Silver Moon und bald einem Fohlen. Wie soll sie das eigentlich nennen? Das ist ihr gestern Nacht noch durch den Kopf gegangen, als sie wach im Bett lag und nicht schlafen konnte.

Ach, darüber kann sie sich ja auch noch morgen Gedanken machen. Erst mal rüber zur Rebekka und das Einhorn wieder aufpäppeln.

Rebekka wartet auch schon im Innenhof auf sie. Und ist schockiert. »Wie sieht die denn aus?«

»Die Schaninn hatte keine Lust mehr, Heu zu füttern«, antwortet die Einhornreiterin empört. Ja, es soll ruhig jeder wissen, wie doof die Schaninn ist! Auf die ist sie ist richtig wütend!

»Furchtbar«, sagt Rebekka mitleidig. »Komm mal mit, ich hab der schon eine Box fertig gemacht, neben einer ganz netten Stute, die zicken sich bestimmt nicht an.«

Dankbar folgt die Einhornreiterin Rebekka und kommt in den schönen Stalltrakt, den sie schon beim Kurs begutachten konnte.

»Die Boxen sind nicht so gut besetzt im Moment, der Offenstall kommt besser an«, erklärt Rebekka und deutet auf die erste Box in der Reihe. Eine luftige, sauber eingestreute Box mit Ausgang zum Paddock.

Bevor die Einhornreiterin noch dort angekommen ist, hört sie allerdings Rebekkas nächste Frage: »Lahmt die? Soll ich den Schmied mal holen? Der ist gerade drüben am Putzplatz.«

Das Schweigen unserer Einhornbesitzerin scheint sie wohl als Ja zu verstehen, denn keine fünf Minuten später steht ein älterer Herr mit Schürze in der Tür.

»Bist du die Neue?«, brummt er. Hat 'ne Kippe im Mund und guckt gar nicht richtig zu ihr hin. Hat nur Augen für das Einhorn. »Was habt ihr denn mit den Hufen gemacht?«

»Das war meine Hufpflegerin«, erklärt die Einhornreiterin.

»Die braucht dringend mal anständigen Beschlag. Die steht krumm und schief, und die Hufe sind falsch geschnitten. Lahmt die? Bestimmt, 'ne?«

Die Einhornreiterin kann gar nicht so schnell antworten, der Schmied hat ihr schon White Pearl Of Silver Moon aus der Hand genommen und führt sie in aller Seelenruhe zum Putzplatz. Guckt dabei auf den Gang und schüttelt den Kopf.

Unsere Einhornreiterin hat jedoch keine Zeit, sich darüber zu beklagen, sich bevormundet zu fühlen oder sonst etwas Dummes zu tun, denn ihr Smartphone vibriert.

Es ist die Schaninn über *WhatsApp*!

»Sag mal, spinnst du? Du kannst doch nicht einfach so ausziehen!«

Schnell ist die Antwort getippt. »Ich hab dich mehrfach gebeten, die Sachen von der Weide zu räumen. Und selbst wegräumen durfte ich sie auch nicht. Reicht mir jetzt.«

»Was bist du denn für eine blöde Kuh? Hab doch gesagt, dass ich das wegräume! Finde das scheiße und enttäuschend von dir. Und dein Einhorn soll wohl jetzt in einen Boxenknast! Scheiß-Tierquälerin!«

»Ich möchte nur mein Geld zurück. Wir haben erst den Vierten, da steht mir der Rest noch zu.«

»Gar nichts kriegst du. Dein Scheißgaul hat voll viele Unkosten verursacht. Und die Heuraufe ist auch kaputt wegen der. Das verrechne ich damit. Und du zahlst auch den Zaun, weil dein Einhorn immer die erste ist, die drüber geht. Wirst dich schon noch umgucken, du Schlampe.«

Schockiert legt die Einhornreiterin das Smartphone weg. Was ist denn nun los? Kann man das nicht anständig regeln?

Hastig rennt sie dem Schmied hinterher, der bereits am Anbindeplatz vor der schönen Reithalle angekommen ist.

Die Einhornreiterin ist einen Moment irritiert. Hier ist es so hell und sauber, dass man sich ja gar nicht traut, sein Tier zu putzen.

Rebekka und Sandra stehen neben White Pearl Of Silver Moon und schauen interessiert auf die Hufe.

»Hui, die Zehe ist ja viel zu kurz. Und die kippt total nach innen«, sagt Rebekka gerade.

Unsere Einhornreiterin ist gedanklich aber immer noch bei Schaninn.

»Die Schaninn hat mich gerade per *WhatsApp* beleidigt«, petzt die Einhornreiterin der Sandra.

»Ach, die ist doch eh bescheuert. Scheiß auf das Geld. Das kriegst du von der eh nicht wieder.«

»Ja, aber …«

»Lass die doch einfach. Die hat da Spaß dran.«

Ratlos schaut die Einhornreiterin beim Schmied zu, der sich ziemlich mit White Pearl Of Silver Moon abmüht. Der braucht viel länger als die Frau Sauer, die immer nach 15 Minuten fertig ist.

Das Smartphone klingelt, und unsere Einhornreiterin geht mit bangem Herzen dran.

»Du kriegst dein Fett noch weg, du Schlampe, darauf kannst du dich verlassen! Ich habe gesehen, dass du bei deinem Auszug die ganze Tür zerkratzt hast, die wirst du auch zahlen!«

»Leg doch einfach auf«, bittet Sandra. »Die nervt doch eh nur.«

»Ich hab gar nichts zerkratzt«, verteidigt sich unsere Einhornreiterin dennoch.

»Ich verklag dich, wenn du das nicht zahlst!« Rums – aufgelegt.

Während der Schmied-Behandlung klingelt und vibriert das Handy jedoch ständig weiter. Mal sind es Beleidigungen von verschiedenen Nummern, mal sind es Sprachnachrichten – natürlich ebenfalls Beleidigungen.

Die Einhornreiterin bekommt gar nicht so richtig mit, was der Schmied da tut. Nur, dass das Einhorn plötzlich gar nicht mehr so komisch geht.

»Die muss sich zwar erst mal dran gewöhnen, aber morgen sollte es deutlich besser aussehen. Wir müssen auch mal was gegen die brüchigen Hufe machen, die Eisen werden da nicht lange drauf halten.«

Sie versteht nur die Hälfte, denn das Telefon meldet sich schon wieder.

»Mach das Ding doch mal aus«, mault der Schmied sie an.

Das tut sie sogar.

»Wir gucken jetzt mal, wie White Pearl Of Silver Moon sich einlebt, und dann kommt die morgen raus, ja?«, fragt Rebekka.

Die Einhornreiterin kann nur benommen nicken, irgendwie hat sich das hier gerade verselbständigt. Geplant war das so nicht. Aber sie hat gerade echt andere Sorgen als die Tatsache, dass die Leute ihr momentan alle Zügel aus der Hand nehmen – was durchaus wörtlich zu verstehen ist, denn Sandra hat das Einhorn jetzt am Strick.

Sie bleibt noch ein wenig im Stall, um sich zu beruhigen. Aber das Einhorn ist ihr kein Trost, die ist vollauf damit beschäftigt, ihre neue Paddockbox zu inspizieren, und schenkt ihr keine Beachtung.

Auf dem Weg nach Hause gehen unserer Einhornreiterin noch einmal Schaninns Hasstiraden durch den Kopf. Die Tür soll sie zerkratzt haben? So ein Unsinn! Mit was denn? Und das Einhorn hat den Zaun niedergetrampelt? Bestimmt nicht, das war garantiert der fette Haflinger von der Schaninn, der merkt doch nicht mal, wenn er etwas plattwalzt. Der hat schon Eichhörnchen plattgetrampelt, weil er die gar nicht gesehen hat.

Zuhause angekommen wartet sogleich die nächste böse Überraschung. Die Schaninn hat ihrem Ärger auf der *Facebook*-Seite von White Pearl Of Silver Moon Luft gemacht. Und das voller Unwahrheiten. Und die Einhornfans sind voll drauf angesprungen.

»Wollt ihr mal die Wahrheit über eure tolle Einhornbesitzerin hören? Eine ganz miese Sau ist das! Zahlt die Stallmiete nie pünktlich, am liebsten gar nicht, beschädigt Eigentum und denkt nicht dran, den Schaden zu begleichen. Und sie lässt ihr Pferd verwahrlosen. Kommt fast nie in den Stall, alles muss die Reitbeteiligung machen, und die Hufe sind schon ein Fall für den Tierschutz.«

Zum Entsetzen unserer Einhornreiterin glauben das die Leute tatsächlich. Denn die Schaninn hat Fotos hinzugefügt. Wirklich unvorteilhafte Fotos, von Einhornhufen, die ziemlich ausgebrochen sind. Und von der nicht verarzteten Schramme. Wann hat sie denn die Bilder gemacht? Unsere Einhornreiterin ist schockiert. Sie hat von der Schramme erst erfahren, als sie im Stall ankam!

»Was? Schämt die sich nicht?«

»Fettes Dislike!«

»Hier auf *Facebook* einen auf pferdefreundlich machen und dann so was?«

»Dir gehört das Pferd weggenommen!«

»Dislike!«

Und viele, viele Beleidigungen. Unsere Einhornreiterin kann das gar nicht fassen. Die Schaninn hat es echt geschafft, über 50 Leute aufzuwiegeln.

Schweren Herzens löscht sie den ganzen Mist, blockiert Schaninn und die Hetzweiber und geht in die Badewanne. Genug Unsinn für heute.

KAPITEL 24:
EINHORN GOES DRESSUR

Ein paar Tage später hat das Einhorn eine erstaunliche Wandlung hinter sich. Es läuft gar nicht mehr so komisch. Nein, es läuft völlig normal.

So normal, dass die Einhornreiterin sich heute zum ersten Mal in die Reithalle wagt, die sie zuvor nur vom Boden aus gesehen hat. Sie hat einen Tag Zeitausgleich bei ihrem Job und ist erstaunt, wie lebhaft es auch morgens schon in Rebekkas Stall zugeht. Da sind total viele Frauen in ihrem Alter. Und die grüßen alle nett und erkundigen sich nach dem Einhorn. Offenbar ist ihre Ankunft nicht unbemerkt geblieben.

Aber aufdringlich sind die Leute erst mal nicht, die sind mit ihren eigenen Pferden (und ihren sehr hübschen Schibbi-Schabbis) beschäftigt.

Froh über die Ruhe macht die Einhornreiterin White Pearl Of Silver Moon fertig und orientiert sich vorsichtig Richtung Halle. In der Halle muss man eigentlich den Bahnregeln folgen, denn sonst kollidieren ja all diese Pferde miteinander. Es sind vier in der Halle. Eines davon ist an der Longe.

Wie gingen denn diese Regeln noch mal? Unsere Einhornreiterin tut so, als würde sie nachgurten, und guckt verstohlen den anderen zu.

Dabei kristallisieren sich folgende Regeln heraus:

1. Man ruft »Tür frei, bitte«, wenn man die Halle betritt oder verlässt.

2. Man steigt da auf, wo das Pferd nach viel Gezerre stehenbleibt.

3. Pferde an der Longe haben immer Vorfahrt. Wenn man diese verletzt, gibt es coole Stunteinlagen.

4. Das Pferd mit der schönsten Schibbi-Schabbi hat Vorfahrt.

5. Alles, was schwarz und damit automatisch der nächste Totilas ist, hat auch Vorfahrt. Kombiniert man 4. und 5., könnte man

auch gleich mit einem Panzer in der Halle fahren. Niemand ist so blöd und stellt sich einem entgegen.

6. Man ruft immer »Hufschlag frei« und hat den dann auch mindestens eine halbe Stunde für sich, in der man ständig und immer wieder Schulterherein üben muss. Wer sich nicht dran hält, wird erschossen.

7. Punkt vor Strich-Rechnung. Wer ganze Bahn reitet, hat es ja sowieso viel leichter und kann ausweichen.

8. Stangen dienen als Pendant zum Claim-Abstecken. Wer die Stange hinlegt, dem gehört auch dieser Teil der Halle. Wer das Territorium verletzt, wird erschossen.

9. Schritt wird auf dem ersten Hufschlag geritten. Ist so anstrengend, das Pferd immer wieder von der Bande weg zu dirigieren.

10. Handwechsel gibt der lauteste Reiter an. Aber nur, wenn er eine hübsche Schibbi-Schabbi hat.

Okay, das hat unsere Einhornreiterin soweit verstanden. Sie schwingt sich todesmutig auf ihr Einhorn und dreht die erste Runde in der Halle.

Eine Reiterin gesellt sich zu ihr. Lackschwarzer Wallach, jung, Bling-Bling-Trense und eine sehr schöne Schibbi-Schabbi. »Hi, ich bin die Isabell.« Das doppelte L betont sie besonders.

Auch die Einhornreiterin stellt sich vor.

»Was is'n das für eine Trense?«, fragt die Isabell neugierig.

»Das ist ein Sidepull«, erklärt die Einhornreiterin. Überhaupt hat sie hier bisher nur Pferde mit Gebiss gesehen. Nun, ja … mit barhuf hat sie ja offenbar auch völlig danebengelegen. Sie hat gestern auch gleich noch eine Richtigstellung gepostet, ein Video, auf dem das Einhorn schön trabt. Und eine Nahaufnahme der Hufe hat sie auch gemacht.

Nur damit keiner denkt, die Schaninn hätte wirklich recht! Dafür hat sie auch nur Lob bekommen. In allen Gruppen und auf ihrer *Facebook*-Seite.

»Kann man damit überhaupt durchs Genick reiten?«

»Ja, wieso denn nicht?«

»Na, weil es kein Gebiss hat.« Die Isabell guckt, als hätte sie noch nie eine dümmere Ansage gehört.

Sie wendet auch prompt ihren Lackschwarzen und zockelt Richtung Ausgang. Mit einem halbleise gemurmeltem: »Tür frei, bitte.«

Nach einer Weile trabt die Einhornreiterin an. Hier ist sie ja nicht mehr im Offenstall, da muss sie warm reiten. Das Einhorn reagiert so, wie es eben immer reagiert, nur dass es dabei jetzt weniger komisch läuft. Missmutig setzt es sich in Bewegung, am langen Zügel, und trabt seine Runden durch die Bahn. Hin und her und her und hin.

Irgendwie weiß unsere Einhornreiterin jetzt gar nicht, was sie mit dem Einhorn machen soll. Das geht halt vorwärts.

Und die anderen beobachten sie dabei. Heimlich natürlich, nicht ganz so offensichtlich.

Was tun die denn die ganze Zeit? Machen viel mit den Zügeln und reiten Kringel.

Vielleicht sollte sie das einmal nachahmen? Das Einhorn ist davon nicht ganz so begeistert, das spielt lieber auf dem ersten Hufschlag Monorail und möchte sich eigentlich auch gar nicht biegen.

Was die Einhornreiterin aber nicht weiß: Dank tatkräftiger Reiterei von Angie versteht das Einhorn immerhin mittlerweile, was Biegung ist. So lässt es sich auch nach einigem Diskutieren darauf ein und fährt nun auch zweigleisig.

Nicht so imposant wie die anderen Pferde, so viel ist gewiss. Die schweben nur so dahin, Trabverstärkung, Schulterherein, das sieht toll aus – auch wenn unsere Einhornreiterin die Namen der Lektionen nicht kennt, denn die waren nie Teil ihrer Reitstunden bei Frau Husemann. Da ist man Abteilung geritten.

Ein bisschen neidisch spickt sie hinüber. So was … Bei denen sieht das so einfach aus. Und wie die geschniegelt sind. Wirkt alles ein bisschen edler als bei ihr und dem Einhorn. Vielleicht sollte sie sich solche Reiter einmal zum Vorbild nehmen? Das sieht alles so nach Arbeit aus. Wirklich geschäftig!

Und überhaupt, in der Anzeige hieß es doch, dass das Einhorn super Grundgangarten hat. Warum eigentlich nicht? Ein Dressureinhorn! Sie hat ja schließlich im Internet gelesen, dass gebisslos nicht immer besser sein muss. So lauten dann ihre guten Vorsätze für morgen: Trense mitbringen und endlich »richtig« reiten. Ohne Reitstunde natürlich. Das Geld hat sie gerade nicht. Das hat ja die Schaninn immer noch.

Apropos Schaninn, die hat heute auch schon fünf Mal angerufen und sie beleidigt. Als sie die Nummer gesperrt hat, hat sie es ohne Nummer versucht. Und dann ihr Freund. Und schließlich ihre Tochter. Und bei *Facebook* sind auch schon wieder freche Beleidigungen, wie sie bei einer Schrittrunde mit Smartphone in der Hand feststellt.

Entnervt versucht sie, die Kommentare zu löschen, aber das geht so schwer auf einem wackligen Einhorn, und dann noch mit dem Handy.

Also tastet sich unsere Einhornreiterin noch einmal an die Dressurübungen der Mitreiter heran, die leider ein wenig rücksichtslos sind. Die eine rupft Stangen lautstark von der Bande, die andere galoppiert in einer Tour ihr buckelndes Pferd ab.

Das Einhorn wird nervös und überlegt schon, ob es mitmachen soll, doch unsere Einhornreiterin macht einen auf Safe-Play und steigt ab. Lieber direkt. Dann eben heute nur Schritt führen und sich die ganze Anlage anschauen. Bisher hat sie schließlich noch nicht viel davon gesehen.

Ohne ein »Tür frei!« verlässt sie die Halle, was aber keine der Dressurdamen überhaupt bemerkt. Die sind immer noch mit denselben Dingen beschäftigt wie vorhin schon. Abgaloppieren und Stangenrupfen.

Überhaupt wirken die alle ein bisschen wie die Protagonisten aus *Und täglich grüßt das Murmeltier*. Denn sie machen sehr oft dieselben Dinge. Immer und immer wieder. Und dann freuen die sich auch noch darüber … Komisch.

Dabei hat man unserer Einhornreiterin doch gesagt, dass Abwechslung der Schlüssel zum Erfolg ist.

Neugierig führt sie das Einhorn also aus der Reithalle und biegt am Putzplatz zu den Weiden ab. Da ist er also, der hochgerühmte Offenstall. Es gibt Unterstände und große Heuraufen. Nicht diese selbstgezimmerten Teile wie bei der Schaninn, sondern richtige.

Und normale Weiden. Und einen Roundpen. Und einen Springplatz. Da weiß die Einhornreiterin aber nicht wirklich, ob sie den benutzen soll. White Pearl Of Silver Moon hat bisher nicht den

Eindruck gemacht, als könne sie springen. Und die Einhornreiterin kann es auch nicht. Also darüber muss sie sich doch eigentlich keine Gedanken machen.

Bei ihrem Rundgang gibt es dennoch eine Menge zu entdecken. Das Reiterstübchen vor allem, wo es lecker nach frischem Brot und einem frühen Mittagessen riecht.

Zielstrebig parkt sie das Einhorn in der Box – und das scheint sich wirklich über die nette Nachbarin zu freuen, denn sie wiehert. Hat sie das überhaupt schon einmal gehört? Kann sie sich nicht dran erinnern.

Auf zum Stübchen. Dort trifft sie Rebekka, die dort mit einem Kaffee und einem belegten Brötchen sitzt. »Und?«, fragt sie neugierig. »Ist alles gut gelaufen? Habt ihr euch schon eingelebt?«

»Ja, schon.«

»Aber?«

»Sind morgens immer so viele Leute da? Da muss ich mich erst mal dran gewöhnen. Bei uns hab ich fast nie andere Leute getroffen.«

»Ja, das ist normal. Die Hausfrauenbrigade reitet immer ab zehn Uhr. Nicht wundern. Die sind auch manchmal ein bisschen komisch.«

Einerseits beruhigt unsere Einhornreiterin das zwar, aber irgendwie findet sie es auch komisch, dass Rebekka so herablassend über die Einsteller spricht. Darf man das als Stallbesitzerin?

Als hätte sie ihre Gedanken gelesen, sagt Rebekka: »Die wissen, wie ich die nenne. Wer das nicht abkann, soll sich einen anderen Stall suchen. Die haben aber alle Humor. Obwohl, die eine letztes Jahr nicht, die ist gegangen, weil ich sie angeblich beleidigt habe. Hab gesagt, sie würde mehr auf das Aussehen ihrer Schabracke achten als auf ihr Pferd. Und das war die Wahrheit.« Rebekka zwinkert und steckt sich eine Zigarette an.

»Wann ist denn am wenigsten los?«, fragt die Einhornreiterin, weil ihr dieses Hausfrauenreiten nicht so ganz behagt.

»Abends eigentlich. Wir haben Stallruhe ab 22 Uhr, bis dahin darfst du die ganze Zeit in der Halle reiten. Also keine Scheu, wenn es nach der Arbeit mal spät wird. Nur Sonntag machen wir früher zu. Da wollen wir auch mal unsere Ruhe haben. Und man bekommt keine Ruhe, wenn alle hier noch herumrennen und ständig was von einem wollen.«

Die Einhornreiterin nickt, auch wenn sie sich das nicht so wirklich vorstellen kann.

»Willst du auch einen Kaffee?«

»Ich hab gar kein Geld dabei«, antwortet die Einhornreiterin.

»Macht nichts, kannst du anschreiben lassen und am Ende des Monats zahlen.«

»Oh … cool.« Mann, also dieser Stall hat schon was, das muss sie ja zugeben. Doch, ja, so kann sie sich vorstellen, künftig eine Dressurreiterin mit Einhorn zu werden.

Kapitel 25:
Turniervorbereitungen mit Einhorn

Hals über Kopf meldet die Einhornreiterin ihr Einhorn zum jährlichen Stallturnier an. Einfach so. Eine E-Dressur darf sie nämlich auch ohne Leistungsklasse gehen, und wieso nicht? Wenn nicht jetzt, wann dann?

Die Schaninn lästert darüber ordentlich – nicht mit ihrem eigenen *Facebook*-Account, denn mit dem kann sie schon lange nichts mehr auf White Pearl Of Silver Moons Seite posten. Aber Schaninn scheint einen unerschöpflichen Vorrat an *Facebook*-Profilen zu haben, denn die postet einfach ständig blöde Kommentare.

Auch als die Einhornreiterin ihr erstes Turnier ankündigt. Alles an negativen Kommentaren wird selbstverständlich sofort gelöscht, und nur die Applausklatscher bleiben übrig. Die finden das alles richtig und gut. Und es ist ja auch nur ein kleines Turnier im eigenen Stall.

Fröhlich macht die Einhornreiterin sich mittlerweile an die Dressurarbeit mit Trense. Und das Einhorn macht auch hübsch den Kopf runter. Trabt und galoppiert. Also eigentlich wie die anderen Pferde auch – auch wenn die anderen Reiter morgens immer noch so komisch gucken.

Das schiebt unsere Einhornreiterin allerdings auf die Tatsache, dass die noch nie ein Einhorn gesehen haben. White Pearl Of Silver Moon ist eben etwas ganz Besonderes.

Angie wird ebenfalls herbeizitiert. Ob die nicht auch ein Turnier reiten möchte? Nur was Kleines natürlich.

Aber Angie lehnt ab. »Nee, du, lass mal. Ich glaube, dafür bin ich nicht gut genug.« Eine diplomatische Antwort, denn eigentlich meint sie: »Dafür ist das Pferd noch nicht bereit.«

Aber unsere Einhornreiterin war noch nie die Menschenkennerin und kriegt das vor lauter Euphorie gar nicht mit. Sie und das Einhorn müssen ja jetzt turniertauglich gemacht werden – und vor allem eingekleidet! Ein stilistischer Fauxpas ist definitiv nicht angenehm und kann einen den Sieg kosten, wie sie bei *Facebook* erfährt. Und das will sie auf keinen Fall.

Auch wenn es ein kleines Turnier ist, gibt es nur ein Ziel: gewinnen. Auch im Baumlossattel.

Und zwar mit dem richtigen Outfit!

Früher war so ein Turnieroutfit für einen Reiter leicht aufgetrieben. Jacketts wurden von Generation zu Generation weitergegeben. Die waren meist von Pikeur und alle ziemlich gleich geschnitten. Und sie waren schwarz. Man trug eventuell den Anstecker von seinem Reitabzeichen, die Hose war weiß, die Handschuhe auch, und wenn man Glück hatte, dann war man eines der glücklichen Kinder, die schon Lederstiefel haben durften. Oder man war schon erwachsen und konnte sich selbst welche kaufen.

Unter dem Jackett war ein Blüschen, manchmal mit Plastron, manchmal ohne.

Das Pferd trug eine weiße Schabracke (wahlweise auch geliehen) und frisch geputztes Leder.

Und was ist aus diesem Turnieroutfit geworden, das früher vollkommen gereicht hat? Dem schwarzen, ohne fesche Bordüren und Kördelchen und mit keinerlei hippen Trendfarben? Und natürlich keine Nobel-Schibbi-Schabbis, wie haben die das damals nur ausgehalten?

Die braucht man natürlich, mit passendem Häubchen dazu. Weiß muss das alles schon lange nicht mehr sein. Und das Jackett trägt auch kein Mensch mehr, weil scheinbar ab 10°C schon Marscherleichterung herrscht. Könnte man jedenfalls meinen, so oft, wie man Leute ohne Jackett antreten sieht.

Handschuhe gehören auch nicht mehr zum Etablissement, und wenn, sind sie nicht weiß. Verdächtig oft sieht man auch rote Jacketts, die irgendwann mal nur den wirklich guten Reitern vorbehalten waren. Goldenes Reitabzeichen und so.

Die Farbkombi am Pferd variiert heutzutage mit dem Outfit des Reiters. Manchmal sieht das passend aus, doch wenn Marscherleichterung angesagt ist, tragen plötzlich alle fesche Polohemdchen, gerade beim Springen. Warum dürfen das auf einmal alle?

Der gemeine Reiter trägt dieser Tage Bunt auf dem Turnier. In knallig Rot, ansonsten eher bedeckt – was zwar auf den ersten Blick noch edel aussieht, aber bedecktes Grün bleibt eben doch Kotzgrün … Es gibt auch allerhand Braunschattierungen. Die weiteren Assoziationen ersparen wir uns.

Teuer ist der Krempel immer noch. Wenigstens das hat sich nicht geändert.

Das muss auch unsere Einhornreiterin mit Blick auf die Preisschilder im hiesigen Reitladen feststellen.

Aber ihr Blick ist bereits auf das Jackett in Rot gefallen. Das muss sie haben. Die Reiter im Fernsehen tragen auch immer rot. Und einen Helm braucht sie jetzt auch. Auf dem Turnier ist der Zylinder nämlich erst ab L-Dressur erlaubt, und die darf sie leider nicht mitreiten.

Sie kauft, dank Kreditkarte, noch rasch ein Paar Lackstiefel zu dem Jackett, damit sie auch ja ordentlich zur Geltung kommt, dann geht es auch schon wieder zurück in den Stall.

Sie reitet heute nämlich mal die Aufgabe in der Abteilung mit. Natürlich nicht richtig in der Reitstunde, sie kommt erst in den letzten zehn Minuten dazu. Vorher erarbeitet sie sich das natürlich alles alleine. Sie hat sich doch nicht umsonst die ganzen *YouTube*-Videos angeschaut.

Im Stall wird das Turnieroutfit schon mal eingeweiht. Der baumlose Sattel wird draufgeschmissen, schnell wird noch mal ein Blick auf die Impfungen geworfen – die hat sie dank Sandra nämlich direkt beim Umzug in den neuen Stall gemacht. Alles perfekt also.

Das Einhorn wird zudem hübsch bandagiert, aus der letzten Kollektion natürlich. Auch wenn das eigentlich Unsinn ist. In der Dressur darf nämlich gar nichts an den Beinen dran sein.

Trense drüber und schnell auf den Platz nach draußen. Da kann ihr keiner zugucken. Nicht, dass ihr nachher noch einer etwas abguckt – das geht nicht.

Ein paar Runden aufgewärmt, dann wagt sie sich ans Kringelreiten. Das Einhorn geht eigentlich ganz nett. Also, wenn man nur den Kopf betrachtet. Der Rest eiert in halber Außenstellung auf dem Zirkel umher. Wenn man denn einen Zirkel daraus erkennen könnte. Es ist und bleibt ein Kringel. Zirkelpunkte kennt unsere Einhornreiterin nicht. Sie ist aber hin und weg, weil das Einhorn den Kopf nett hinstellt. Und ansonsten rumpelt wie eine Kiste Lego auf dem Fußboden.

Sonst sieht es aber echt toll aus. Also, wenn man nur mal kurz hinschaut. Auch im Galopp lässt das Einhorn artig den Kopf unten, sodass unsere Einhornreiterin schon mal auf die Uhr schaut. So langsam kann sie ja die Aufgabe mitreiten.

In der Halle angekommen, warten bereits Rebekkas vier Reitschüler auf sie, die alle auch beim Turnier mit dabei sein werden. Hoffentlich sind die nicht gut, denn die Einhornreiterin hat schon eine Menge Ambitionen.

»Dann mal auf, auf!«, ruft Rebekka und klatscht in die Hände. Winkt aber sogleich die Einhornreiterin herbei. »Du hättest ruhig die Stunde mitreiten können.«

Sie antwortet darauf irgendwas wie: »Neee …« Die Erklärung möchte sie ungern preisgeben. Ihr Konto ist geplündert und im Minus, dank der schnieken Turnierausrüstung. Da kann sie sich nicht mal die kleine Reitstunde leisten.

Das gibt sowieso noch Ärger mit dem Mann zuhause. Denn der hat ganz klar gesagt, sie darf einen gewissen Teil ihres Geldes natürlich für White Pearl Of Silver Moon aufwenden, aber sich garantiert nicht dafür verschulden. Zum Glück ist nächste Woche Monatserster, da merkt er das gar nicht.

»Geh mal mit der White Pearl Of Silver Moon nach hinten, die anderen sind schneller. Mach das auch beim Turnier«, gibt Rebekka ihre Anweisungen. Dann verweist sie auf das Cavaletti, das noch in der Halle steht. »Da müsst ihr abwenden, der Platz ist kleiner als die Halle. Stellt euch vor, da wäre Ende.«

Die Reiter nicken alle synchron und ordnen sich auf dem Hufschlag ein.

Die Einhornreiterin stellt wie schon früher fest: Abteilungsreiten ist echt einfach, denn man muss ja nur das machen, was der vor einem tut. Super! Da kann sie sich darauf konzentrieren, toll auszusehen, denn das Einhorn trabt ja artig hinterher, geht alle Bahnfiguren von selbst. Es scheint wirklich das geborene Dressureinhorn zu sein.

Leider sagt die Rebekka nicht viel mehr zu ihr, aber das wertet sie dennoch als gutes Zeichen. Denn an der Tetenreiterin ist sie die ganze Zeit dran. Das Vieh macht auch nur Unsinn, es buckelt los, hüpft zur Seite, sprintet in die Mitte und tritt fast das Cavaletti um.

Selbstsicher grinst unsere Einhornreiterin auf ihrem Tierchen vor sich hin. Gut, dass sie solche Probleme nicht hat. Ihr Einhorn ist nämlich super!

»Du musst den schon durch die Ecken treiben«, tobt Rebekka aufgebracht in Richtung Tetenreiterin, als das Pferd schon wieder Unsinn macht. »Auch wenn der bockt. Die Richter sehen das, wenn du nur so da draufsitzt.«

Na, das ist ja auch was ganz anderes als bei der Einhornreiterin. Wenn das Einhorn lieb geht, dann ist das ja vollkommen okay, da nett draufzusitzen. Aber wenn das Pferd nur Blödsinn macht, dann muss man schon ordentlich reiten.

»Probieren wir es mal anders«, ruft Rebekka durch die Halle. »Lass mal Vanessa nach vorne, und du gehst an zweiter Stelle. Vielleicht stellt er sich dann nicht mehr so an.«

Gesagt, getan. Die beiden tauschen Plätze, und es wird noch einmal geritten. Aber das Pferd macht immer noch Unfug.

»Hui«, sagt Rebekka, nachdem alle zum Schritt durchpariert sind. »Das könnte echt schwierig werden. Wichtig ist, dass er trotzdem durchläuft. Sonst lernt der das ja nie.«

Die Reiterin auf dem schwierigen Pferd nickt blass und verkrümelt sich ganz schnell aus der Halle. Kein Wunder, wie unsere Einhornreiterin findet – die hat ihr Pferd ja *gar* nicht im Griff.

Hochnäsig reitet sie ihre Schrittrunden und fühlt sich definitiv besser. Sie wird in jedem Fall vor dieser Frau am Wochenende in der Wertung stehen, so viel ist sicher. In Gedanken probt sie schon einmal die Siegerrunde, wenn sie Pokal und Schleife in die Luft halten darf.

Kann man die Schleife eigentlich am Horn befestigen?

KAPITEL 26:
TURNIERTUSSI ON THE ROAD

Am Morgen des Turniers ist ganz schön was los in Rebekkas feinem Stall. Überall rennen sie herum, die Turniertussen, und sie sind total beschäftigt.

Auch unsere Einhornreiterin ist dabei, auch wenn die E-Dressur erst in drei Stunden startet. Das Einhorn ist ebenfalls schon seit 5 Uhr wach. Es wurde schon gewaschen, geföhnt, und hätte Sandra die Einhornreiterin nicht davon abgehalten, es hätte jetzt auch eine Dauerwelle. Bei einer Dressurprüfung muss man einflechten, hat Sandra der Einhornreiterin verklickert, und das machen sie jetzt auch. Vielmehr macht Sandra das, denn die Einhornreiterin ist zu nervös und wurde bereits zum Sattelputzen verdonnert.

Der hat das auch bitter nötig, denn gepflegt hat sie das gute Stück noch nie, aber benutzt mittlerweile ziemlich oft. Und bei der Schaninn war das Equipment natürlich auch nicht sonderlich gut weggeschlossen und zudem allen Witterungen ausgesetzt, denn im Schuppen fehlte das Glas an den Fenstern.

Trense und Sattel glänzen dennoch, nachdem Sandra mit dem Einhorn fertig ist. Jetzt heißt es warten auf die E-Dressur. Das Einhorn ist auch verdammt spät dran, in der vorletzten Abteilung.

Beim E-Springen sind sie schon dabei. Ob sie wohl da mal zugucken geht? Kann ja nicht schaden. So begibt sich unsere Einhornreiterin auf den Springplatz und schaut eine ganze Weile zu. Sandra hat sich einen Sekt geholt – so als zweites Frühstück. Sie ist der Meinung, dass sie den noch brauchen wird. Hat sie vermutlich auch gar nicht unrecht mit.

»Das ist gar nicht so hoch«, stellt die Einhornreiterin verwundert fest.

»Nee, ist ja auch ein E-Springen«, sagt Sandra, will sich aber für diese Aussage am liebsten selbst ohrfeigen – nicht, dass die Bekloppte schon wieder auf neue Ideen kommt. Momentan wechselt die Einhornreiterin nämlich die Reitweisen wie Unterhosen. »Aber schwierig ist das trotzdem. Geht ja nicht nur um die Höhe, auch um die Ausbildung von Pferd und Reiter. Und ich glaube, dein Einhorn springt bestimmt nicht so gern.«

»Hm«, macht die Einhornreiterin. So ganz sicher ist sie sich da nicht. Vielleicht holt sie sich mal ein Cavaletti oder so. Nur zum Üben, versteht sich.

»Lass uns wieder reingehen«, sagt die Einhornreiterin nach einer Weile. »Das macht mich nervös.«

Vor allem deswegen, weil sie sich jetzt schon mal vorstellt, wie das Einhorn künftig durch den Parcours schweben könnte. Das verwirrt sie aber so sehr, dass sie Angst hat, nachher im Dressurviereck falsch zu reiten, weil sie jetzt ja beim Springen zugeschaut hat. Nicht, dass es abfärbt.

Zügig geht sie mit Sandra nach drinnen, nippt mal an deren Sektfrühstück, quatscht hier mit Turnierteilnehmern, da mit Mann und Kind, die natürlich nicht fehlen dürfen, und dann ist es endlich Zeit, sich fertig zu machen.

White Pearl Of Silver Moon ist schnell gesattelt. Noch ein paar letzte Bürstenstriche, Trense drauf, und es kann losgehen.

Der Abreiteplatz ist bereits ziemlich voll, und erfreut erspäht unsere Einhornreiterin die Chaosreiterin vom Abteilungsreiten. Ist die also wirklich bei ihr? Perfekt. Das rückt sie gleich ins rechte Licht, wenn da einer dabei ist, der es so gar nicht kann.

Munter reitet sie warm und trabt dann auch an. Das Einhorn geht immer noch so wie die letzten Tage. Also perfekt. Voller Vorfreude reitet sie ihre Kringel und horcht immer mal wieder darauf, was so am Rand gesprochen wird, denn White Pearl Of Silver Moon muss doch einfach Bewunderung hervorrufen. Doch bisher sind die Einzigen, die über sie reden, ihre Freundin Sandra, ihr Mann und ihre Tochter. Die ist immerhin begeistert und ruft ein paar Mal: »Mama!«

Ein paar Galoppeinheiten später ist es dann ganz urplötzlich so weit, die Abteilung wird reingerufen.

Pflichtschuldig verkrümelt die Einhornreiterin sich jetzt schon ans Ende der Abteilung, obwohl die noch gar nicht gebildet ist. Mit ihr sind drei weitere Pferde in der Prüfung. Das Chaospferd ist bereits an erster Stelle, die Reiterin hört wohl gar nicht auf Rebekka!

Es ist der Einhornreiterin ein innerer Vorbeimarsch, als sie endlich im Viereck ankommt und man ihren Namen nebst Einhorn aufruft: »Die Nummer 75: White Pearl Of Silver Moon.«

Sie vergeht vor Stolz, auch wenn niemand applaudiert. Wahrscheinlich sind die vom Einhornnamen zu geflasht. Der ist ja auch einfach gut. So richtig gut.

Sie schenkt den Richtern ein strahlendes Lächeln beim Gruß und wartet, bis der Rest der Abteilung endlich antrabt, dann reiht sie sich ein, stellt die Hände nett hin und das Atmen komplett ein.

Das Arschlochpferd von letzter Woche benimmt sich auch genau *so*! Es bockt jedes Mal, wenn die Abteilung das Richterhäuschen passiert, springt in die Mitte und bleibt sogar einmal ganz stehen, was eine hübsche Ziehharmonika aus der Abteilung macht. Zum Glück hat die Einhornreiterin einen scheintoten Norweger vor sich, dem es gar nichts ausmacht, dass White Pearl Of Silver Moon ihm das Horn in den Hintern rammt. Macht dem alles gar nichts aus.

Auch der Galopp ist gut, jedenfalls im Kopf der Einhornreiterin. Außerdem kann sie sich ja den Siegesritt nachher noch mal zuhause mit Mann und Kind ansehen.

Als die Abteilung wieder aufmarschiert, ist sie selig, das muss einfach der Sieg sein.

Strahlend geht sie als erste vom Platz, winkt Mann und Kind zu, zupft sich das rote Jackett zurecht und geht zurück in die Halle, wo sie trocken reitet. Rebekka hat extra gesagt, dass man in der Siegerehrung mit Pferd erscheinen muss, also stellt sie das Einhorn natürlich nicht in die Box.

Die mit dem Arschlochpferd gesellt sich zu ihr und ist ziemlich unglücklich. Wenn sich die Einhornreiterin richtig daran erinnert, heißt die Bettina.

»War nicht so gut?«, fragt sie betont mitfühlend.

»Nee, nur Unsinn im Kopf. Da muss ich echt noch dran arbeiten.«

»Na ja, aber da wirst ja du bewertet«, zeigt sich die Einhornreiterin gönnerhaft.

»Aber wie willst du denn richtig sitzen, wenn das Pferd nur rumspringt?« Anklagend deutet Bettina auf den schwarzen Kopf ihres Pferdes.

Ja, da kann die Einhornreiterin auch nichts Schlaues mehr heucheln.

Stumm reiten sie nebeneinander her, unsere Einhornreiterin voller Inbrunst, Bettina irgendwie geknickt.

Rebekka kommt hinzu. »Ging doch«, meint sie mit Blick auf Bettinas Rappen.

»Ging doch? Der hat doch nur Unsinn gemacht.«

»Ja, aber du bist gut drüber hinweg geritten. Das wollen die sehen.«

»Hm«, macht Bettina.

Ein bisschen empört ist unsere Einhornreiterin schon, denn Rebekka lobt ihren Ritt gar nicht. Sagt aber was zu einer anderen Einstellerin. Die wird kritisiert: »Ich habe dir immer wieder gesagt, dass du nicht so in der Hüfte abknicken darfst, der galoppiert dir dann wieder falsch an.«

Schadenfroh schaut sich die Einhornreiterin nach der Dressurtussi um, die auf ihrem Schimmel ganz schön zusammenschrumpft. War das nicht die Komische, die sie am ersten Tag so komisch ausgefragt hat?

»Und Jenny, wenn du nicht anständig grüßt, dann kriegst du Abzug. Man grüßt nicht mit Gerte.«

Haha, denkt die Einhornreiterin sich, das ist ja mal was. So was kann ihr gar nicht passieren, schließlich benutzt sie so ein Teufelszeug nicht.

»Willst du nicht langsam absatteln?«, ruft Sandra von der Hallentür her.

»Nee, wieso? Ich muss doch in die Siegerehrung.«

»Ach …«, macht Sandra verblüfft, sagt aber nichts mehr. Wahrscheinlich, weil sie beeindruckt ist.

Rebekka lauscht an der Hallentür Richtung Dressurviereck draußen. »Sind fertig«, ruft sie schließlich. »Das war die letzte Abteilung.«

Eine gespannte Stille senkt sich über die Halle, denn während die anderen bewertet werden, dürften jetzt ihre Noten eintrudeln. Die faulen Läufer haben sie nur noch nicht an die Tafel geschrieben.

Jetzt aber, endlich, die Rebekka bekommt einen Zettel in die Hand gedrückt und nickt den auch ab, bevor endlich jemand die Tafel beschriftet. Neugierig drängen sich die Reiter um die Tafel, um ihre Noten zu lesen.

Die Einhornreiterin erhält eine 4,8. Ist das gut? Sie schaut zu ihrem Mann, aber der schaut nur ratlos zurück. Der hat doch keine Ahnung vom Reiten, schon gar nicht vom Dressurreiten.

»Tja, das war wohl nichts«, sagt gerade Sandra.

Meint sie etwa die Einhornreiterin?

Aber es gibt auch eine hohe Note auf der Tafel: eine 7,2. Als die Einhornreiterin ihren Blick schweifen lässt, muss sie feststellen, dass die Kopfnummer ausgerechnet zu dem Arschlochpferd aus ihrer Abteilung gehört. Das Mistvieh kriegt so eine hohe Note? Oder ist das hier wie beim Golfen, dass man möglichst niedrig sein muss?

Sie ist ganz betäubt von der Situation. Warum ist denn ihre Note so schlecht?

Rebekka sieht wohl ihr versteinertes Gesicht und kommt rüber. »Sorry, aber du warst echt nicht gut.«

»Was war denn nicht gut?«, platzt es aus unserer Einhornreiterin heraus.

»White Pearl Of Silver Moon war überhaupt nicht losgelassen und ganz schrecklich verspannt. Die ist nicht mal im richtigen Galopp angesprungen. Und du hast nichts gemacht. Draufgesessen wie ein Schluck Wasser in der Kurve. Hand zu tief, buckelig, Kopf nach unten. Mensch, ich hab dir gesagt, dass du mal die Reitstunde mitreiten sollst. Ist ja auch alles kein Wunder bei dem Scheiß-Sattel. Warum hast du so ein Schrottteil gekauft?«

Unsere Einhornreiterin hört schon gar nichts mehr. Die ist völlig schockiert von ihrer Wertnote. Und noch schockierter, als die letzte Abteilung endlich vorbei ist und man allen mitteilt, dass alle Reiter ab Note 6,8 platziert sind.

Glückselig verschwindet Bettina mitsamt Arschlochpferd, das sich tänzelnd den Weg zum Viereck bahnt. Und schnaubend und schäumend vor der Siegerschleife davonrennt.

Aus der Traum im Lager des Dressureinhorns.

KAPITEL 27:
FEINDBILDER IN DER HALLE

Empört von allem, was sich beim Turnier zugetragen hat, kommt unsere Einhornreiterin erst mal die ganze nächste Woche nicht in den Stall. Ist ja egal, sie hat Vollpension. Sie ist enttäuscht. Vom Einhorn, von Sandra und von der blöden Rebekka, die nie was gesagt hat. Und auf die Richter ist sie auch sauer. Die waren unfair und haben dann auch noch so einen Scheißgaul gewinnen lassen, der nur Blödsinn gemacht hat.

Und was war mit ihrem Einhorn los? Ist das etwa nicht anständig durch die Prüfung geschwebt? Auf den Fotos sieht sie jedenfalls super aus, keine Spur von dem schlechten Sitz, den Rebekka bemängelt hat.

Was für ein Skandal!

Es ist so: Reiter haben, sofern sie Turniere reiten, ein klares Feindbild. Und das sind mitnichten die anderen Mitreiter, die einfach vielleicht besser sind als sie (oder auch nicht), sondern klipp und klar die Richter. Zumindest in Disziplinen, wo sich nichts mit Zeiten und Abwürfen regeln lässt.

Die Richter wollen ihnen immer was Böses! Immer nur am Motzen. Und das sind auch wahre Sadisten, die können sich ja nichts Schöneres vorstellen, als das ganze Wochenende in einem versifften Richterhäuschen zu sitzen und kleinen Mädchen schlechte Noten zu geben. Und was die für eine Kohle haben! Denen geht es viel zu gut!

Nach dem Turnier (meist montags) geht es in Pferdegruppen dann so zu:

»Ich war gestern in Hintertupfingen auf dem Turnier. Habe eine A-Dressur und ein E-Stilspringen genannt. Voll asozial, nur eine 5,0 im Springen, und in der Dressur bin ich ohne Wertung geblieben. Dabei sind andere viel schlechter geritten, und die Siegerin war total scheiße, hat immer nur am Pferd rumgezogen!«

Im Internet ist es ja auch so leicht, sich da ein bisschen virtuell tätscheln zu lassen.

Das macht die Einhornreiterin jetzt auch, auf ihrer berühmten *Facebook*-Seite. Schnell noch einen Schnappschuss dazu, denn ihren 1.500 Followern muss sie ja wenigstens etwas bieten. Das gemeine Protokoll wird auch teilweise hervorgekramt, »taktunrein« und solche Sachen stehen da drin. Da sind natürlich die Richter dran schuld. Wer sonst? Die haben den Takt weggeguckt, die Schlingel.

Prompt wird von ihren Anhängern nach Richternamen gefragt, damit ihre Fans auch ein hübsches Inquisitionskommando auf die Beine stellen können, denn solche Richter müssen ja angeprangert werden!

Offensichtlich haben Reiter auch eine schwarze Liste und vermerken so etwas wie:

»Richter H hat meinen Sitz moniert – dabei sitze ich toll!« = Richter H ist scheiße.

»Richterin X hat gesagt, mein Rollback wäre gar keiner gewesen, die guckt nicht richtig.« = Richterin X ist scheiße.

Und was nützt den Reitern das am Ende, wenn sie wieder auf Richter H und Richterin X treffen? Nix.

Und dann beschwert man sich wieder, wenn die Richter nicht das tun, was sie sollen – nämlich richten. Zu lasch, zu blöd, die haben ja gar nicht geguckt.

Ja, doch, unsere Einhornreiterin fühlt sich auch völlig im Recht! Sie hat alles richtig gemacht. Nur Richter und Einhorn waren so richtig blöd. Und Rebekka. Die vor allem, die vor der ganzen Reithalle gesagt hat, wie schlecht sie wäre.

Und Sandra auch. Die hat es ja scheinbar noch vor Rebekka gewusst. Empörend und verwirrend.

Vor lauter Zorn bleibt die Einhornreiterin weiterhin erst einmal dem Stall fern, auch als ihr Handy mehrfach klingelt und Rebekkas Nummer anzeigt. Die möchte wahrscheinlich irgendwelchen Unsinn, etwa dass sie wieder ihre blöde Reitstunde besuchen soll oder so etwas. Da hat sie sich aber geschnitten. Gar nichts wird sie. Schon mal gar nicht in eine Reitstunde bei der gehen! Wahrscheinlich steckt die mit den Richtern unter einer Decke, die sie so schlecht bewertet haben, nur damit die feine Frau Reitlehrerin mehr Reitstunden verkaufen kann.

Je öfter sie diese Theorie in Gedanken durchgeht, desto überzeugter ist sie davon. Das *muss* es einfach sein!

Das ist alles nur eine Verschwörung gegen unsere Einhornreiterin. Sie gefällt sich ausgezeichnet in der Opferrolle und liest sich immer wieder bei *Facebook* die bestätigenden Posts durch, die die Leute dalassen.

Das reicht ihr aber nicht. Sie jammert noch ein wenig weiter, treibt es gar auf die Spitze und überlegt (natürlich nur virtuell), die Reiterei ganz aufzugeben. Und die Seite auch. Sie schimpft auch noch ein bisschen auf Bettina, die mit dem Arschlochpferd ja die Prüfung gewonnen hat, die blöde Sau.

Natürlich nennt sie die nicht beim Namen, schimpft aber trotzdem wie ein Rohrspatz. Die kennt bestimmt auch die Richter oder schläft sogar mit denen. Was solche Pferdeweiber eben den ganzen Tag lang machen.

Auch Mann und Kind können sie nicht trösten, denn die haben ja bekanntermaßen keinerlei Ahnung. Die Mädels aus dem Internet auch nicht, denn die haben das Video natürlich nicht gesehen. Die können immerhin anhand der wenigen Fotos etwas sehen, und diese sind super (gewählt).

Zerknirscht tritt die Einhornreiterin am nächsten Samstagabend das erste Mal wieder im Stall an, und dort lauert bereits Rebekka auf sie.

»Möchtest du heute die Stunde mitreiten? Es ist noch ein Platz frei.«

Weil so viele Leute lauschen, weiß die Einhornreiterin gar nicht, wie ihr geschieht. Sie ist völlig überrumpelt und möchte jetzt nicht noch als absoluter Buhmann dastehen, also sagt sie ja.

»Dann macht euch fertig, die Stunde fängt bald an. Um sechs solltest du fertig sein.«

Das schafft die Einhornreiterin, trotz eingesautem Einhorn, das war nämlich bis um fünf noch auf der Weide. Ziemlich halbherzig macht sie sich daran, das Einhorn zu putzen und zu satteln.

Die Schaninn scheint auch schon von ihrem Misserfolg gehört zu haben, denn die sendet ihr schon wieder beleidigende SMS, von wegen: »Scheiß-Rollkur-Reiterin, asoziales Stück. Zahl endlich deine Schulden.«

Es wird Zeit, die Nummer zu wechseln, denn Schaninn und ihre Freunde nerven mittlerweile ständig mitten in der Nacht.

Missmutig schiebt die Einhornreiterin dem Einhorn das verteufelte Gebiss ins Maul und schlurft Richtung Halle.

White Pearl Of Silver Moon ist heute besonders biestig. So richtig. Sie tänzelt, sie hampelt, möchte überhaupt nicht still stehen und schlägt mit dem Kopf.

Wütend zerrt die Einhornreiterin am Zügel und schimpft mit dem widerspenstigen Einhorn. Das Einhorn ist darüber sehr erschrocken, denn Widerworte gab es von der Besitzerin noch nie. Für den Bruchteil einer Sekunde bleibt es tatsächlich stehen und lässt unsere Einhornreiterin aufsteigen.

Die reitet mit miserabler Laune in die Halle und schaut sich um. Ja, toll, da ist auch noch die blöde Bettina in der Reitstunde. Die kann sie ja leiden … Und die sieht auch noch so glücklich aus! Unverschämt, die Einhornreiterin sollte jetzt grinsen. Nicht sie!

Verärgert schiebt die Einhornreiterin White Pearl Of Silver Moon Richtung Hufschlag, die lässt sich heute so richtig bitten.

Zwei andere Reiter sind auch noch da, eine auf einem Pony, eine auf einem Kaltblutmix mit hübscher Schibbi-Schabbi und dazu passenden Bandagen.

Augenblicklich tönt auch Rebekkas Stimme durch die Halle, die herrisch gebietet: »Alle mal locker machen, wir fangen gleich an. Fleißigen Schritt bitte. Ja, das gilt auch für Einhornreiter.«

Dieser süffisante Unterton, den die Einhornreiterin dabei herauszuhören meint, ist eine Kränkung. Ganz gezielt gegen sie.

Wütend schnaubend setzen sich sowohl White Pearl Of Silver Moon als auch Besitzerin in Bewegung. Sie sind beide unglaublich schlecht drauf.

»Das ist doch kein Arbeitstempo. Lass die Zügel. Du musst die Nickbewegungen rauslassen. So blockierst du die nur. Wie soll die denn an die Hand treten?«

Boah, ja, sonst noch was? Dennoch traut sich die Einhornreiterin nicht, Widerworte zu geben. Noch nicht.

Gottlob beschäftigt sich Rebekka jetzt erst mal mit Bettina und der Kaltblutreiterin, die auch ihr Fett wegkriegen.

»Nicht wieder schluffen lassen. Auch richtiger Schritt will gelernt sein. Die tritt doch sonst gar nicht anständig unter.«

Was redet die da eigentlich? Von so einem Unfug hat die Einhornreiterin ja noch nie gehört.

»Dann mal antraben und auf beiden Händen selbstständig lösen. Ich möchte keinen sehen, der nur doof geradeaus reitet.«

Na, damit kann die Einhornreiterin immerhin etwas anfangen. Ist ja Kringelreiten hier. Während des Kringelreitens hat sie freie Sicht auf das Cavaletti. Vielleicht macht dem Einhorn Dressurreiten auch einfach keinen Spaß. Vielleicht wäre Springreiten ja doch etwas.

Rebekka reißt sie aus ihrem Tagtraum. »Du musst nachgeben. Du blockierst White Pearl Of Silver Moon total! Setz dich anständig hin, gerade Schultern, nicht so ein Buckel!«

Was für ein Buckel bitte? Die Frau ist ja wohl unverschämt.

Unsere Einhornreiterin nimmt sich vor, bei der nächsten Frechheit endlich mal den Mund aufzutun.

Aber Bettina kommt dazwischen, diese Pute, denn die hat schon wieder Probleme mit ihrem Arschlochpferd. Das schießt buckelnd durch die Halle, aufs Einhorn zu. Und was tut White Pearl Of Silver Moon? Die macht mit! Einfach so.

Das Einhorn dreht ab, macht zaghaft die ersten Buckler, und plötzlich ist es im Rodeo-Modus.

Die Einhornreiterin hört zwar noch, wie Rebekka ruft: »Festhalten!«, aber da ist es auch schon zu spät. Sie fällt wie ein Stein, kommt mit dem Gesicht zuerst auf dem Hallenboden auf und ist für einen Moment richtig benommen.

Das Nächste, woran sie sich erinnern kann, ist Rebekka, die neben ihr steht, das Einhorn am Zügel hält und fragt: »Alles in Ordnung? Tut was weh?«

Wie ist denn das passiert? Da fällt ihr Blick auf Bettina. Die ist schon wieder schuld. Und runtergefallen ist die auch nicht!

Wutschnaubend reißt sie Rebekka die Zügel des Einhorns aus der Hand und holt zum Befreiungsschlag aus: »Dein Festhalten kannst du dir in den Arsch stecken! Als ob du dich ernsthaft darum kümmern würdest, was mit mir ist. Du hast mich nur in die Stunde geholt, um mich vorzuführen. Die mit dem Scheißgaul kriegt alle Aufmerksamkeit, auf'm Turnier darf sie einem die Runde versauen, aber das ist dir kackegal – Hauptsache, du kannst an mir rummeckern. Du bist total scheiße.«

Rebekka ist sichtlich verblüfft ob des Auftritts der Einhornreiterin, aber ihr Gesicht verfinstert sich bei jedem Wort.

Als die wütende Hasstirade der Einhornreiterin verhallt, deutet sie auf die Hallentür. »Ich wollte dir nur helfen. Ich hab dir die Scheiß-Stunde nicht mal berechnet. Ich fand es nur schrecklich mitanzusehen, wie du da auf deinem armen Vieh hockst und ihm die ganze Zeit in den Rücken fällst und in den Zügeln hängst. Aber wenn es dir nicht gefällt, kannst du ja gehen. Da ist die Tür!«

Das macht die Einhornreiterin auch. Und zwar ganz. Mit dem Smartphone am Ohr verlässt sie die Halle. Wen sie anruft? Na, Sandra. Die soll sofort sie und das Einhorn abholen.

KAPITEL 28:
HIRN IM SCHLAFROCK –
PLEASURE-REITEN FÜR DOOFIES

Sandra droht zwar, dass es das letzte Mal sein wird, dass sie Einhornbesitzerin und White Pearl Of Silver Moon irgendwohin fährt, aber sie tut es. Genauer gesagt gurkt sie seit geschlagenen zwanzig Minuten mit der Einhornreiterin durch die Pampa, weil die gar nicht weiß, wo sie hin soll. In ihrer unermesslichen Wut hat sie einfach Spind und Box geräumt, Einhorn aufgeladen und sitzt nun da.

Wie soll sie nur ihrem Mann erklären, dass sie den tollen Stall schon wieder verlässt? Für den war der Stall definitiv toll, denn er hat nicht bedeutet, dass seine Frau täglich mindestens fünf Stunden außer Haus ist und anschließend vollkommen verdreckt die Wohnung in Unruhe bringt.

Die Einhornreiterin grübelt hin und her. Welche Ställe gibt es denn noch im Umkreis? Wo war sie denn noch, als sie auf Stallsuche war?

Sie erinnert sich vage und spricht Sandra darauf an: »Gibt es hier nicht so einen Westernstall?«

»Bröckers? Ja, da könnten wir hin. Ich weiß aber nicht, ob der noch Boxen frei hat.«

Da die Einhornreiterin sich mindestens für Maria hält – allerdings nicht weiß, wer von ihnen den Josef darstellen soll – ist sie sicher, dass der barmherzige Herbergsvater bei Bröckers einen Platz für sie und ihr asylsuchendes Einhorn hat.

Allerdings war sie diesem Stall gegenüber zuvor nicht sehr positiv eingestellt. Doch da ja bisher alle Ställe, die ihr gut vorgekommen sind, ein absolutes Desaster waren, seufzt sie und lässt sich zum Westernstall fahren.

Dort angekommen, ist der Stallbesitzer auf dem Reitplatz. Er erinnert sich nicht mehr an die Einhornreiterin. Der Cowboy gibt wie beim ersten Mal schon Unterricht. Anscheinend ist der Mann vielbeschäftigt.

Unsere Einhornreiterin erklärt ziemlich kleinlaut die Situation. Sie wisse nicht, wohin mit ihrem trächtigen Einhorn. Und sie erzählt, wie fies die Schaninn und die Rebekka waren. Das ist alles so unfair, da möchte sie am liebsten losheulen.

Bernhard heißt der Cowboy, und der weiß Rat. »Ich hab noch was frei, allerdings weiß ich nicht, wie verträglich dein Tierchen ist.«

»Super verträglich«, versichert unsere Einhornreiterin, denn bisher hat das Einhorn ja immer einstecken müssen. »Aber ist das nicht gefährlich im Offenstall mit dem Fohlen?«

»Na, auch nicht gefährlicher, als die jetzt von A nach B zu karren und ihr schon wieder einen Stallwechsel zuzumuten. Denke, die fährt ganz gut in unserer Sondergruppe. Da sind nur zwei ganz liebe Quarterdamen dabei, die schon etwas älter sind.«

Die Vierteldamen kennt unsere Einhornreiterin zwar nicht, aber sie muss es ja wohl glauben.

Mit Bernhard wird man sich schnell einig über die Stallmiete. Selber Preis wie der, den er auch schon beim ersten Mal genannt hat. Fällig dann morgen. So viel Geld hat die Einhornreiterin heute nicht dabei.

»Kannst das auch überweisen«, schlägt Bernhard vor und deutet dann auf den Platz. »Ich muss jetzt hier mal weiter machen.«

Ziemlich unsicher darf das Einhorn nun erst mal abgetrennt von den beiden Quarterdamen ihr neues Heim erkunden. Es wirkt ziemlich abgeschlagen und gestresst. So viele neue Eindrücke und Pferde, da weiß es nicht so richtig, wie es damit umgehen soll. So ein Einhorn ist eben doch aus Zucker. White Pearl Of Silver Moon knabbert nur sehr zaghaft an ein paar Heuhälmchen herum, dann trottet sie zu den Quarterstuten Richtung Zaun.

»Denke, wir lassen die jetzt mal«, sagt Sandra und nimmt die Einhornreiterin mit zurück.

Die hat allerdings schon das Smartphone gezückt und verfasst einen bösen Post über die asoziale Rebekka und ihren Scheiß-Stall. Die soll sich ja vorsehen!

Und Geld hat sie der auch noch zu viel bezahlt, schließlich nutzt sie ja gar nicht mehr den ganzen Monat die Anlage. Es ist ja schließlich erst eine Woche seit Monatsanfang vergangen. Und Bernhard, das Schlitzohr, will natürlich auch die gesamte Miete für den Monat.

Da heißt es nur, Kohle rüberwachsen lassen und hoffen, dass es der Mann mal wieder nicht mitbekommt.

Allerdings entgehen der Einhornreiterin die bösen Blicke der Reitschüler nicht, die sie durch ihr Gespräch mit Bernhard auf sich zieht. Das ist ja mal komisch.

Es ist nämlich so: Männer im Stall werden von der Damenwelt gnadenlos reduziert – und zwar in bumsbar und nicht bumsbar. Nirgends ist das, was Frauen sonst so an Männern verachten, stärker beim weiblichen Geschlecht vorhanden als im Reitstall. Allerdings ist das Kriterium hier nicht so sehr das Aussehen, sondern vor allem die reiterliche Qualität. Den uncoolen Anfänger, der gerade seine ersten Longenstunden nimmt, den nimmt das gepflegte Reitergööörl nicht mit in ihr Bett.

Hat aber der Mann ein eigenes Pferd oder gar einen Trainerschein, ist der Schlüpper bei manchen Weibchen schon in den Kniekehlen, bevor der Kauz nur »Hallo« sagen konnte. Mit näselnder Fistelstimme, denn warum auch immer: Männliche Reiter klingen manchmal wie Kermit auf Helium.

Die besten Schlüpferstürmer sind jedoch immer noch die Reitlehrer, sofern sie die Grundbedürfnisse des Reitweibchens erfüllen: Schlank, einigermaßen dekorativ, kann reiten. Wenn diese drei Dinge gegeben sind, hat der Mann weder ein leeres Bett noch ein leeres Reitstundenbüchlein, der kann sich dann vor Terminen nicht mehr retten. Während die Reiterinnen ihn vom Pferd aus mit Kuhaugen anschmachten und bei jedem Rüffel seufzen – ach, wären das doch nur Kommandos im heimischen Schlafzimmer.

Und immer wieder gibt es die Gerüchte – waren die nicht zwei Minuten in der Box allein? Ja, da haben die garantiert drei Nummern geschoben! Oder er war mit einer ausreiten. Der wird bestimmt Zeit gehabt haben, während er zwei Jungpferde am Rockzipfel hatte, noch mal schnell über die zweibeinige Stute drüber zu rutschen. Ohne Gerüchte wird kein Mann im Stall auskommen. Wenn die Mädels nichts von ihm bekommen, dichten sie ihm gerne etwas an.

Manche Männer nutzen das aus, solche Pappenheimer kennen wir alle. Aber immer wieder fällt eine drauf rein, die wird ihn schon ändern. Ist wie mit wilden Hengsten, wenn man die nur doll streichelt, dann bekommt man auch Blitz, den schwarzen Hengst, dabei heraus. Apropos Blitz … Kommen wir lieber wieder zu Mr. Reitlehrer, dessen Gerte die Blödblunsen so gerne spüren möchten.

Haben sie also den wilden Hengst ein wenig gestreichelt (allerdings meist nur den Schritt), bilden sie sich ordentlich was ein. Und es gibt Beef im Stall. Weil andere auch mal den Hengst unter der Hose streicheln wollen. Oder gestreichelt haben.

Gehört man zur schadenfrohen Fraktion, dann kauft man sich Popcorn und verbringt künftig mehr Zeit im Stall, denn da wird es interessant. Rache, Stutenbissigkeit – all inclusive. GZSZ ist ein Witz dagegen. Plötzlich werden Sachen aus Wohnungen geworfen, Dinge kaputtgemacht, Fotos verteilt und am besten noch ein Flyer gedruckt, der den Reitlehrer entlarvt.

Ist der Reitlehrer Angestellter, wird er irgendwann den Stall wechseln. Einstellen wird ihn gerne jemand, denn er garantiert Einnahmen bei der zahlungs- … und vor allem *willigen* Kundschaft. Da geht das Spielchen dann gleich von vorne los. Ist der Stall in der Nähe, kann man eine Wettbude aufmachen und illegale Wetten darauf annehmen, wann es das nächste Mal knallt. Oder wen er als nächstes knallt. Es passiert – ist nur eine Frage der Zeit.

Und so findet man auch schnell die ersten Gerüchte über die Einhornreiterin und Bernhard, denn die hat einfach zu lange mit ihm gesprochen. Das bringt ihr nicht eben Freunde im neuen Westernstall.

Zuhause checkt die Einhornreiterin noch schnell die Reaktionen auf ihre Hetztiraden und sieht befriedigt, dass die Leute ihr zustimmen und sowas schreiben wie: »Recht hast du!«

»Endlich lehnt sich mal jemand gegen so selbsternannte Profis auf!« Rebekka hat sich nämlich ihren Pferdewirtschaftsmeister nur gemalt. So sieht es aus!

Die Sache bringt ihr auch gleich viel mehr Likes. Der Post überschreitet nämlich die 500-Likes-Grenze und bringt viele neue Follower in den nächsten Tagen.

Am nächsten Tag erkundet die Einhornreiterin neugierig, aber dennoch ziemlich demotiviert, den neuen Stall namens Bröckers. Eigentlich ziemlich unspektakulärer Name. Sollte ein Westernstall nicht so etwas wie das Wort »Ranch« im Namen haben?

Na ja, wahrscheinlich haben die das nicht nötig. Es kennen offensichtlich eh genug Leute Bröckers, denn es ist richtig viel los, auch am Nachmittag. Bei Rebekka herrschte um diese Zeit eher tote Hose, da waren dort nur mal ein paar Kinder unterwegs – oder auch gar keiner.

Am Reitplatz angekommen, schaut sich unsere Einhornreiterin das Spektakel ein wenig an. Cool sieht das ja schon aus. Auch wenn sie mit den Springplänen geistig noch nicht ganz durch ist.

Zwei Mädels stehen neben ihr. Beim Anblick der einen fällt ihr ein, dass Angie noch gar nicht über den Umzug Bescheid weiß. Die wird schnell per *WhatsApp* benachrichtigt. So, nun ist das auch getan …

»Du, kenn ich dich nicht?«, sagt die eine Reiterin plötzlich.

Die Einhornreiterin weiß es nicht. Sie kann sich an die Frau auch gar nicht erinnern. Wo soll sie die schon mal gesehen haben?

»Du bist doch die mit dem Einhorn, oder? Ich kenne deine *Facebook*-Seite. Ich bin die Nadine!«

»Oh, hi.« Fans … krass. So was hat sie noch nie getroffen.

Die zweite Reiterin sieht allerdings nicht so aus, als wäre sie ein Fan des Einhorns. Die guckt eher so, als hätte sie eine Fliege verschluckt. Zum Glück geht sie weg.

»Ich hab gelesen, was du über das Turnier und so geschrieben hast, das fand ich richtig gut«, erklärt die Nadine.

Da wird unserer Einhornreiterin richtig warm ums Herz, das ist Balsam für die geschundene Seele.

»Man sollte diesen doofen Dressurtussis echt mal den Rücken kehren. Dann machen die auch nicht mehr solchen Unsinn mit Rollkur und so.« Die Nadine hat sich vollends in Rage geredet. »Deswegen reite ich auch Pleasure. Ist viel gesünder fürs Pferd.«

An dieser Stelle sei angemerkt: Die meisten Westernreiter sind sich zwar nur selten mit Englischreitern einig, aber in diesem einen Punkt schon: Pleasure-Reiten ist nur was für Mädchen. Es ist die »langweiligste« Westerndisziplin, und man nennt sie auf dem Turnier nur, weil man noch nicht genug Schleifchen hat. Oder in der Reining keine abbekommt. Oder aber, weil das eigene Pferd zu doof für alle anderen Disziplinen ist.

Das ist jedenfalls so die vorherrschende Meinung. *YouTube*-Videos zeigen uns die Bestätigung dafür, traloppierende Pferde, die irgendwann eingeschlafen sind und die jemand zu wecken vergessen hat.

So gehen die auch durch die Prüfung. Dabei soll es ja eigentlich so sein, dass sie ihre Gänge willig und taktrein zeigen, dabei gut untertreten und nicht zu schnell oder zu langsam sind.

Guckt man die Videos, befinden sich die Pferde leider irgendwo zwischen »scheintot« und »vergessen umzufallen, aber definitiv tot«.

Guckt man auf Veranstaltungen in natura zu, sieht das zum Glück gar nicht mehr so kurios aus. Mehr wie eine sehr entspannte E-Dressur, welcher der festliche Rahmen irgendwie fehlt, weil viele Reiter aussehen, als hätten sie mindestens einen Ara verschluckt.

Wenn schon die Pferde nicht sonderlich durch Temperament auffallen, so tun es wenigstens die Pleasure-Damen mit ihrem Outfit. Obwohl das streng genommen gar nicht mitbewertet wird. Die Richter geben jedoch selbst (beispielsweise in Interviews) zu, dass sie genauer hingucken, wenn da jemand bunt ist.

So hat eine Pleasure-Prüfung manchmal ein bisschen was von Barbies Reitstall. Da sieht man schon sehr üble Outfits, die eine Nobel-Schibbi-Schabbi-Dame vor lauter Neid erbleichen lassen. Viel mehr Bling geht kaum.

Es gibt sogar Empfehlungslisten darüber, was totaal out ist. Ist ein bisschen wie in der *BILD*-Zeitung, die auch mal irgendwann so eine »Hot or Not«-Spalte hatte. Fransen sind zum Beispiel out. Total uncool.

Aber viel Bling ist absolut in Ordnung und gehört zum guten Ton. Das darf auch gerne selbst hinzugefügt werden, wenn es zu wenig Bling im Grundoutfit gibt. Auch am Pferd.

Aber lasst euch ja nicht einfallen, mit dem Pleasure-Outfit in eine Reining zu gehen! Da kommt die Western-Fashion-Polizei! Die Westernschickeria kann ohnehin schon ganz schön hochnäsig sein, obwohl sie eigentlich die lockeren Cowgirls mimen. Lasst euch nicht täuschen, die haben selbst ihre eigenen hochberühmten Chaotengruppen auf *Facebook*. Da werden auch Outfits diskutiert – und gnadenlos zerrissen.

»Hast du gesehen? Die war mit *denselben* Sachen in der Pleasure. Schon zweimal hintereinander. Und dann in der Reining!« Skandal im Sperrbezirk.

Und wenn dann noch jemand höher als man selbst bewertet wurde, trotz skandalösem Outfit … Also, dann ist Holland in Not. Woran mag das wohl liegen? Dass Pleasure so eine Art Dressur ist?

Die Einhornreiterin kennt von Western ja bisher auch nur die Bilder aus dem Internet, die von *YouTube*. Und das, was die da machen … also, das kann sie auch, wie sie findet. Vielleicht ist das ja das richtige Betätigungsfeld für das Einhorn. Natürlich nur, bis sie in Mutterschaftsurlaub ist.

Zaghaft fragt sie an: »Kann man das gut lernen?«

»Ach, klar. Das ist nicht so schwer. Und auch viel gesünder fürs Pferd als Dressurreiten.«

»Aber ich brauche einen Westernsattel, oder?«

»Ja, aber ich kann dir meinen mal leihen. Dann siehst du ja, ob du dich darin wohlfühlst.«

Als die Nadine sich verabschiedet, fühlt sich die Einhornreiterin gleich viel wohler. Sie hat wieder ein Ziel vor Augen. Ein Pleasure-Einhorn soll es werden.

Eine SMS schreckt sie allerdings aus den Gedanken: Angie möchte über den Stallwechsel reden.

KAPITEL 29:
SCHNELLKURS IM WESTERNREITEN

Innerhalb eines Monats hat sich der Schrankinhalt der Einhorn-reiterin vollends gewandelt. Die ganzen Nobel-Schibbi-Schabbis sind ausgezogen und verscherbelt, der unsäglich unpassende Baum-lossattel aussortiert und die Trensen verkauft. Hauptsächlich kommen diese Neuerungen daher, dass die Einhornreiterin keine Kohle mehr hat. Und einen Westernsattel will. Es zieht auch bald darauf einer ein, ein tolles No-Name-Stück einer Reitmarke, die garantiert nicht auf Sättel spezialisiert ist. Gebraucht natürlich. Immerhin mit Baum. Lag beim Vorbesitzer auch auf einem Araber, muss also passen, die werden ja wie Kekse alle mit derselben Form hergestellt.

Und dieses hübsche Western-Kopfstück, das sie sich damals im Reitladen gekauft hat, ist jetzt auch endlich in Benutzung. Also, wenn das nichts ist …

Allerdings gibt es auch eine weitere Neuerung. Angie hat sie verlassen. Die hat nämlich keine Lust mehr auf das Hin und Her, das die Einhornreiterin veranstaltet, und hat ihr das auch ziemlich frei heraus gesagt.

Darüber ist unsere Einhornreiterin gleich so empört gewesen, dass sie noch einen Post über zickige Reitbeteiligungen verfasst hat, die immer alles besser wissen als die Besitzer.

Zaghaft sind die ersten Gehversuche im Westernstil außerdem, denn im Westernstall herrscht eine ganz andere Art von Reiterei. Die tragen zwar alle Sporen, aber keiner hat eine Gerte. Und keiner nimmt die Zügel kurz. Und Kringel reiten sie auch nicht – jedenfalls nicht so wie die Dressurreiter. Alles ist etwas spritziger in den Bewegungen, außer bei den eingefleischten Pleasure-Tussis. Die haben die Ruhe weg und reiten ihre scheintoten Pferde geradeaus.

Die reiten wirklich alle mit Zügeln, die auch als Fahrleinen durchgehen könnten. Wenn unsere Einhornreiterin die Zügel lang-lässt, passiert eigentlich nur eins: Das Einhorn galoppiert los. Das ist außerdem noch gar nicht an das schwere Gewicht des Wes-ternsattels gewöhnt und muckt deswegen ziemlich herum. Hat auch wieder die Ohren im Genick. Aber das kennt die Einhornrei-terin ja schon und wertet es als gutes Zeichen. Als sie noch bei der

Schaninn geritten ist, hat White Pearl Of Silver Moon das auch immer gemacht. Und reittechnisch war das die Krönung ihrer bisherigen Laufbahn, wie sie findet.

Sie schaut sich also artig eine Menge Reitstunden an, nimmt aber natürlich an keiner teil. Man lernt ja auch genug durch Zusehen. Da fällt ihr auf, dass die ganzen Westernreiter deutlich schärfere Gebisse haben als sie. Kein Wunder, dass die Pferde nicht alle sofort losrennen, White Pearl Of Silver Moon hat das natürlich schamlos ausgenutzt. Das macht sie bestimmt nicht mehr, wenn das Gebiss endlich schärfer wird.

Also zieht auch innerhalb kürzester Zeit ein Bit with Shanks beim Einhorn ein, die Westernkandare. Damit muss doch das Einhorn zu bändigen sein. Die soll nur lernen, dass es nicht erlaubt ist, so loszurennen, wenn die Zügel lang sind. Ist ja auch schwer, schließlich ist sie mal ein Dressureinhorn gewesen.

Fröhlich reitet die Einhornreiterin auch mit den anderen Westernreitern aus, die sind nämlich gerne draußen und machen das auch bei jedem Wetter. Unsere Einhornreiterin sieht das etwas anders und geht nur bei schönem Wetter mit.

Damit steht sie übrigens nicht allein da. Reiter, respektive Dressurreiter und Bling-Bling-Pleasure-Mäuse, sind oftmals echte Zuckerpüppchen, die außerhalb der Halle nicht existieren können und nur dann rausgehen, wenn wirklich Hochsommer herrscht und es absolut windstill ist.

Wir wissen ja bereits, dass verschiedenste Wetterphänomene große Fragen aufwerfen und ehrbare Gründe sind, warum man auf keinen Fall reiten kann. Jedenfalls nicht draußen.

Aber *Regen*! Also dieses Phänomen, das ist noch viel krasser und kommt häufiger vor als die anderen. Klar dreht man vielleicht nicht unbedingt im Platzregen eine Runde im Gelände. Nicht gezielt jedenfalls. Unfreiwillig passiert das schon mal.

Aber im Regen rausgehen? Nee! Wofür ist denn die Halle da? Dort kippen diese Reiter sich dann einen Grog und freuen sich. Bloß nicht raus.

Sind sie auf dem Weg zur Halle nass geworden, wird das in den sozialen Netzwerken breitgetreten, und auch in der Halle bedauert man die Arme. Und das Pferd gleich mit.

»Was? *Nass geworden*?! *Oh je*!«

Regenequipment haben sie natürlich, weil es das von irgendeiner tollen Marke in einer tollen Kolli gab. Haben sie auch angezogen, damit sie endlich mal einen Grund haben, diese Mode Gassi zu führen. Benutzt wird es dennoch nur auf kurzen Wegen.

Diese Reiter sagen auch ihr Turnier ab, falls es draußen stattfindet, wenn man auf den Plätzen nicht Lawrence von Arabien nachdrehen kann. Ist doch so rutschig. Egal bei welcher Disziplin. Und die Frisur wird nass. Das geht natürlich nicht.

Die Nadine reitet ja auch Pleasure, die bleibt folglich mit der Einhornreiterin drinnen. Es ist schließlich stürmischer Herbst, sodass sie beide die Halle für sich haben und ordentlich klönen können. Ist doch auch mal was. Überhaupt fühlt sich die Einhornreiterin deutlich wohler im Westernstall, als sie je gedacht hat. Wie das nur kommt? Hat ihr Gefühl sie bisher so sehr getrogen? Muss ja so sein.

Manchmal gibt die Nadine ihr auch Tipps. Die setzt die Einhornreiterin sogar recht gerne um, denn die Nadine liket ja auch jedes Foto von White Pearl Of Silver Moon, das sie in die *Facebook*-Landschaft rotzt. Die Nadine ist eben eine richtige Freundin. Nicht so wie Sandra, die treulose Tomate, die hat sich schon seit einem Monat nicht mehr gemeldet und schreibt auch nicht zurück, wenn sie über *WhatsApp* Lob hören will, weil das Einhorn jetzt ein Pleasure-Einhorn wird.

Mit dem neuen Bit with Shanks geht White Pearl Of Silver Moon auch endlich wie ein Pleasure-Pferd, sie stellt den Kopf nett hin, wölbt den Hals nicht auf und schlufft langsam durch die Halle.

Das Einhorn ist eben ein Vollbluteinhorn, und die lernen ja bekanntlich sehr schnell.

Mit dem Bernhard, diesem abgehalfterten Cowboy, hat sie zum Glück nur selten zu tun. Der ist ständig mit seinen Reitschülern beschäftigt und ansonsten auf Turnier. Sie sieht und hört nicht viel von ihm und ist eigentlich auch ganz froh darüber. Der sieht nämlich so aus, als wäre er genauso unverschämt wie Rebekka.

Zum Glück entschädigt hier die tolle Stallgemeinschaft für den blöden Besitzer.

Auf der Wiese steht das Einhorn jetzt mit den Quarterdamen zusammen und versteht sich gut mit denen. Wie die Einhornbesitzerin gesagt hat: Das Einhorn ist super sozial!

Doch dann kommt der Tag, an dem sie mit Bernhard das erste Mal kollidiert, denn ein Regenschauer treibt Bernhard und seine Reitschüler nach drinnen in die Halle, wo die Einhornreiterin gerade ihre Westernkringel reitet, während die Nadine einer gepflegten Runde Hallenhalma nachgeht und überall bunte Stangen verteilt hat. So eine Westernreithalle unterscheidet sich in Wahrheit nämlich doch kaum von einer Reithalle für Englischreiter.

»Sorry, wir stören euch nicht. Nicht doll jedenfalls«, lacht Bernhard und beginnt auf dem unteren Zirkel, seine Reitschüler zu belehren.

Dem Einhorn ist es unangenehm, in derselben Halle mit Bernhard zu sein, der hat bestimmt was zu meckern.

Und in der Tat: Das lässt gar nicht lange auf sich warten: »Was soll'n das werden?«, fragt er schnippisch und deutet anklagend mit dem Finger auf sie.

»Reiten«, antwortet arglos die Einhornreiterin.

»Das ist doch nicht reiten. Du sitzt nur drauf, dein Pferd ist gar nicht aktiv, und zu allem Überfluss sitzt du auch noch scheiße drauf. Würd mich nicht wundern, wenn die in ein oder zwei Monaten was an der Sehne hat, wenn du die weiter so auf der Vorhand schluffen lässt.«

Schockiert guckt die Einhornreiterin den unverschämten Reitlehrer an. Die Genugtuung, dass sie aus der Halle geht, will sie ihm nicht geben, doch vor lauter Empörung geht sie die restliche Zeit, in der Bernhard hier unterrichtet, nur noch Schritt, während Nadine immer noch Hallenhalma macht. Alibimäßig reitet sie über ein paar Stangen und bereut es bitterlich, kein Springeinhorn aus White Pearl Of Silver Moon gemacht zu haben.

Dann wäre sie jetzt schon längst in Aachen beim *CHIO* und würde dort mitreiten, so wie die ganz berühmten Reiter. Ob man den verdammten Westenreitsattel noch gegen einen Springsattel tauschen kann?

Niedergeschlagen sattelt sie alsbald das Einhorn ab, das sich auch heute schon wieder unmöglich benommen hat. Auf der Vorhand rumgeschlufft. Kann die nicht mal vernünftig gehen? Wahrscheinlich war der Schmied von der Rebekka eh die größte Grütze des Jahrhunderts und hat das Einhorn vollkommen falsch beschlagen. Ja, daran muss es liegen.

Hat sich was mit diesem doofen Bit with Shanks und dem doofen Westernsattel. Muss alles weg. Am liebsten jetzt gleich!

KAPITEL 30:
EINHORN IM MUTTERSCHAFTSURLAUB

Zum Glück gibt es eine gute Sache bei Bröckers – das Einhorn steht in Vollpension, sodass die Einhornreiterin das Elend erst mal nicht mehr sehen muss. Sie hat auch wieder die Frau Sauer bestellt, die White Pearl Of Silver Moon schockiert die bösartigen Hufeisen abgezogen hat und ihr noch mal ins Gewissen geredet hat, wie böse diese Hufeisen überhaupt sind. Das mag man sich ja kaum vorstellen!

Momentan ist sie vollauf damit beschäftigt, ihre *Facebook*-Seite mit schönen Weidefotos zu füllen und langsam schon mal alle auf das Fohlen im nächsten Jahr vorzubereiten. Das ist sowieso ein super Thema, denn da finden sich viele Leute, die mit ihr diskutieren. Ob es denn ein Hengstchen oder ein Stütchen wird und welchen Namen es einmal haben wird. Darüber hat die Einhornreiterin sich natürlich schon mal grob Gedanken gemacht, ist allerdings noch zu keinem Ergebnis gekommen. Sie wartet es einfach ab. Wenn das Fohlen da ist, wird der Name schon kommen. Und überhaupt, sie weiß ja nicht mal, ob es ein Einhorn wird, es ist ja nur ein halbes Einhorn. Das quittieren die Leute mit vielen Smileys. Wahrscheinlich, weil sie sich genauso freuen wie die Einhornreiterin.

Die Schaninn ruft auch nicht mehr an, denn die Einhornreiterin hat ihre Nummer geändert. Zum Glück. Auch wenn die manchmal noch auf *Facebook* nervt und mit »gerichtlichen Schritten« droht.

Von Rebekka hat sie zum Glück nichts mehr gehört. Die hätte ihr noch mal begegnen sollen. Ganz artig hat die sogar die restliche Miete zurücküberwiesen. Bestimmt, weil die *WhatsApp*-Nachricht an sie so total selbstsicher und drohend war.

Gedanklich ist die Einhornreiterin zwar mit Fohlen und anderem Unsinn eigentlich ausgelastet, aber sie zermartert sich auch das Hirn. Warum hat sie eigentlich immer nur Pech? Und zusätzlich noch so ein undankbares Einhorn an der Backe? Letzte Woche hat White Pearl Of Silver Moon sie nämlich getreten, als sie einen ihrer Besuche bei der werdenden Mutter gemacht hat. Undankbares Vieh! Wie kann es nur, nach all dem, was sie für das Einhorn getan hat? Früher war doch alles toll zwischen ihnen? Und jetzt? Jetzt ist das Tierchen aufmüpfig, und wenn sie sie von der Weide holen will, um mit ihr zu arbeiten, will White Pearl Of Silver Moon nicht mehr. Letztens ist sie ihr sogar abgehauen.

Das führt dazu, dass unsere Einhornreiterin plötzlich gar nicht mehr so oft im Stall anzutreffen ist. Im Gegenteil, sie verbringt jetzt viel mehr Zeit auf *Facebook* und redet über Pferde, statt ihres zu bespaßen.

Erst als der Winter kommt, müht sie sich mal wieder einen Gang zum Stall ab. Das Einhorn braucht nämlich eine Decke. Hat sie bei *Facebook* gelesen. Und das arme Tier soll ja nicht frieren, auch wenn es ein unausstehliches Mistvieh ist. Denn die Einhornreiterin hat White Pearl Of Silver Moon ja schon immer noch lieb.

Reiter meinen es ja grundsätzlich immer nur gut. So wie beim Eindecken. Die Decken werden vor dem Kauf kritisch beäugt, sie sind alle unterschiedlich von Gewicht, Farbe und Form, und es gibt sie für jede Lebenslage. Super!

Warum decken Reiter eigentlich ein? Weil sie keine Lust auf dickes Winterfell haben. Weil das Pferd Probleme mit Rücken oder Nieren hat. Oder weil sie es schick finden. Meistens, weil sie es schick finden. Immerhin kann man bei Decken auch hippe Trendfarben von namhaften Firmen shoppen. Die sieht man zwar nach zwei Mal Weidegang nicht mehr, aber hey: Es war mal trendy!

Draußen sind es 20°C, aber bewölkt, da wird schon die dünne Decke hervorgekramt. Die ganz übereifrigen Muttchen machen das selber, rasen bei jeder Wetterlage zum Stall und machen die passende Decke drauf. Draußen Tornado? Schnell das Pferd mit der für die Situation »Tornado auf Weide« etablierten Decke einpacken.

Die Faulen, die meinen, das müsse so sein, lassen das schön den Stallbetreiber machen. Und wundern sich, warum der irgendwann extra Kohle haben will, weil er nämlich nichts anderes mehr macht, als das Pferd einzudecken.

Ist es kalt, werden die schweren Decken hervorgekramt. Und die Offenstallmenschen und alle anderen, die keine Decke anziehen, werden böse beäugt. Die können ihre Pferde ja gar nicht so doll lieben wie die Designdeckenträger!

Andersherum sind die Deckengegner nicht besser. Die wissen wenigstens noch, was Robusthaltung ist. Da muss sich halt der Opa mit 30 Jahren auf der Weide zitternd den Hintern abfrieren. Das ist ein Pferd, das hat in der Steppe auch kein Deckchen!

Abschwitzdecken sind besonders beliebt, denn die gibt es von den Nobel-Schibbi-Schabbi-Herstellern, und die kann man super mit seiner Kolli kombinieren. Davon haben die Damen natürlich auch zwanzig verschiedene Varianten. Brauchen tun sie die nicht unbedingt, denn in der Halle ein bisschen klönen und Schritt reiten, mit einer Alibi-Trabrunde – also, davon schwitzt natürlich kein Pferd.

Wird das Pferd geschoren, ist das den Muttchen (ob mit Decke oder nicht) auch nicht recht. Wie unnatürlich! Ja, da stoßen die Robusthaltung-Menschen und die Deckendamen wieder ins selbe Horn. Obwohl das geschorene Pferd ja auch gerne eine Decke bekommt – egal! Die anderen sind da drunter ja nicht nackig!

Die Einhornreiterin schert ihr Einhorn nicht, verpasst ihm aber eine Decke. Nur eine dünne natürlich, damit es nicht vollkommen naturfern im Regen stehen muss. Denn Eindecken ist ja nicht natürlich.

White Pearl Of Silver Moon ist jedoch ungehalten, als es die Einhornreiterin erblickt, und rennt im strömenden Regen davon.

Wütend schimpfend stapft sie durch den Matsch, während die Quarterdamen neugierig gucken. Was machen die denn da? Sieht lustig aus, kann man da mitspielen?

Energisch scheucht die Einhornreiterin die zwei blöden Westerntiere davon und läuft weiter, um endlich das Einhorn zu schnappen. Die braucht eine Regendecke! Vollblüter brauchen die immer, wie sie im Internet gelesen hat. Nachher wird die krank. Und kostet schon wieder Geld! Geht gar nicht.

White Pearl Of Silver Moon ist weiterhin im absoluten Ausnahmezustand und denkt gar nicht daran, ihrer Besitzerin zu gehorchen. Im Gegenteil, obwohl die Einhornreiterin es in die Ecke gedrängt hat, droht es böse und will dieses Mal nicht nachgeben. Es hebt ein Bein. Und noch mal. Und noch mal.

Als die Einhornreiterin es am Halfter greift, macht White Pearl Of Silver Moon einen Satz nach vorn und schubst seine Besitzerin. Die landet mit dem Hintern zuerst im Matsch und ist nun klatschnass. Und dreckig.

Empört schnappt sie nach Luft und rappelt sich auf, greift ein zweites Mal nach dem Halfter, um endlich diese verdammte Regendecke draufzumachen, aber das Einhorn denkt gar nicht daran mitzuspielen, sondern keilt nun aus. Trifft zwar nur leicht das Bein der Einhornreiterin, aber was zu viel ist, ist zu viel. Wütend pfeffert sie die Decke in Richtung Einhorn und stapft davon. Triefnass, mit schmerzendem Bein und dreckig bis auf die Unterwäsche.

Scheiß-Einhorn! Warum hat sie dieses Vieh noch gleich gekauft? Kann nix, macht nie das, was es soll, und dann wird es auch noch böse! Obwohl sie es nur eindecken wollte!

Mit Tränen der Wut in den Augen fährt sie vom Hof. Das Auto ist jetzt richtig dreckig, ihr Mann wird schimpfen, sie wird schimpfen, und wer ist schuld? Das dumme Einhorn! Und das nach allem, was sie für White Pearl Of Silver Moon getan hat! Immer nur das Beste hat sie gewollt. Und so dankt das Vieh es ihr.

Zuhause angekommen, versteht ihr Mann die Welt nicht mehr. Seine Frau weint, schimpft wie ein Rohrspatz auf Stall und Einhorn und schwört Stein und Bein, dass sie nie mehr hingeht. Apropos Bein, das tut ihr auch weh. Zeichnet sich auch schon ein kleiner blauer Fleck ab. Das Einhorn hat sie schließlich leicht gestreift. Gottlob hat sie ja die Frau Sauer wieder und das Einhorn keine Eisen mehr. Nicht auszudenken, wenn da was passiert wäre.

Vor dem inneren Auge ziehen während ihrer drastischen Schilderungen die Bilder der letzten Monate vorbei. Was sie alles erdulden musste, nur wegen des doofen Einhorns. Wie sie bei der Rebekka behandelt wurde, nur weil White Pearl Of Silver Moon sie abgesetzt hat. Immer will das blöde Vieh sie blamieren. Das Maß ist voll.

Vor allem, als ihr Mann zu ihr sagt: »Beruhig dich doch mal, du weckst ja Emma auf. Außerdem magst du dein Pferd doch, du bist jetzt nur etwas sauer. Das kommt vor.«

Unsere Einhornreiterin ist sogar zu wütend, um zu korrigieren, dass es sich um ein Einhorn handelt und nicht um ein schnödes Pferd.

Ihr Mann ist heute Abend in Gönnerlaune und sagt: »Komm, reg dich doch ab. Du warst in der Schwangerschaft auch manchmal schlecht gelaunt ohne Grund. White Pearl Of Silver Moon wird doch bald Mutter. Das musst du auch ein bisschen verstehen. Vielleicht wäre es das Beste, wenn du sie in Mutterschaftsurlaub schickst.«

Unsere Einhornreiterin nickt schluchzend. Ja … Das ist vielleicht die beste Idee.

KAPITEL 31:
EINHORNFOHLEN DELUXE

Die Monate gehen ins Land, und unsere Einhornreiterin lässt sich nur noch sehr selten im Stall blicken. Was böses Blut hervorruft bei den Damen, mit denen sie sonst bei schönem Wetter so oft ausgeritten ist. Die lästern nämlich schon. Kaum kann sie nicht reiten, kommt sie auch nicht. Das hat man ja gern.

Eigentlich will die Einhornreiterin das nicht auf sich sitzen lassen, uneigentlich ist das aber genau so, und deswegen sagt sie gar nichts. Was komischerweise hilft, denn Dementi lohnt manchmal gar nicht, wie sie feststellen muss.

Auch wenn sie natürlich auf ihrer Seite jegliches Getue in diese Richtung unterbindet. Das kommt gar nicht in die Tüte, dass jemand ihre gut gehende *Facebook*-Fanseite vergewaltigt. Die hat mittlerweile, da sie ja kaum etwas anderes tut als tolle Einhornbilder und Wünsche dort niederzuschreiben, schon knapp 3.000 Fans. White Pearl Of Silver Moon kommt vor allem mit ihrer Trächtigkeit und den Wünschen nach einem super-niedlichen Fohlen richtig gut an.

Unsere Einhornreiterin stürzt die Tatsache, dass das Fohlen bald kommen kann, in große Erwartungen. Eigentlich war ja abgemacht, dass das Fohlen verkauft wird. Aber in letzter Zeit hat die Liebe zu ihrem Einhorn wirklich gelitten. Wäre es nicht schöner, mit dem Einhornkind einen Neuanfang zu wagen? Das berühmte Einhorn kriegt man doch bestimmt besser verkauft als so ein Fohlen. Das bringt ja auch gar nichts an Geld. Und Equipment hat sie dafür auch schon.

Der Wunsch schlummert zwar in ihr, aber er kommt ihr irgendwie unrecht vor. Das geht doch nicht … oder? Macht man doch nicht, einfach was Altes gegen was Neues tauschen. Und überhaupt, das Einhorn Junior ist ja noch gar nicht da. Was macht sie, wenn das Fohlen auch so gemein ist wie die werdende Mutter?

White Pearl Of Silver Moon steht unterdessen in der Abfohlbox und wartet auf ihren Termin – ein bisschen verbiestert, denn viel Gesellschaft hat sie da nicht, auch wenn sie täglich auf die Weide darf. Allerdings nur mit den zwei Zuchtstuten vom Bernhard, und die behagen ihr überhaupt nicht, die blöden Zicken.

Gerne hätte die Einhornreiterin Sandras Rat, aber die ist nicht da. Im Urlaub auf Malle. Findet die Einhornreiterin aus zwei Gründen richtig scheiße. Sie ist mit einer anderen Freundin nach Mallorca geflogen – und: Sie hat sich ein zweites Pferd gekauft. Und das ohne die Anwesenheit der Einhornreiterin. Eine nette Stute, gerade vier Jahre alt, frisch angeritten, unverbraucht. Ziemlich teuer, wie man munkelt, auch wenn Sandra keinen Preis genannt hat.

Das alles nagt ganz gewaltig an unserer Einhornreiterin, denn früher ist Sandra mit ihr in den Urlaub gefahren und hat sie auch beim Pferdekauf begleitet.

Und jetzt, wenn sie selbst eins kauft, nimmt sie sie nicht mit? Glaubt sie etwa, die Einhornreiterin hätte keinerlei Kompetenzen?

Nein, beruhigt ihre innere Stimme sie, daran liegt es ja gar nicht. Sandra will ja ein Turnierpferd. Zum Springen. Und damit kennt die Einhornreiterin sich ja nun wirklich nicht aus, das muss sie selber zugeben. Daran wird es wohl liegen.

Also bleibt ihr derzeit nichts anderes übrig, als ihre Seite zu pflegen und eine Schibbi-Schabbi, die sie noch übrig hat, unter den Fans zu verlosen (mit echtem Autogramm). Ansonsten ist in Sachen Reiterei nichts mehr los bei ihr.

Bis eines Tages der erlösende Anruf kommt: Hurra, das Einhornfohlen ist da!

Da strahlt sie stolz über alle Backen, rast mit Lichtgeschwindigkeit in den Stall, hat den Schampus, den sie schon vor Tagen bereitgestellt hat, in der Hand und lässt sich feiern. Alle freuen sich über das süße schwarze Stütchen, das da im Stroh liegt. So niedlich. Nur leider ohne Horn. Na, ja, vielleicht wächst das noch.

Die Nadine ist natürlich auch da, die gratuliert am tollsten. Auch Bernhard gratuliert zum Fohlen, ist aber sehr bald wieder weg. Der ist ja immer so beschäftigt.

Die Babyparty im Stall ist jedenfalls der Knüller. Es werden Selfies mit Einhornbaby geschossen und direkt bei *Facebook* hochgeladen, und das Fohlen wird geliebkost, bis es umfällt.

Nur einen Namen hat das Tierchen noch nicht. Leider weiß unsere Einhornreiterin auch gar nicht, wie der fesche Hengst von der Frau Elsenbach heißt, sodass sie nicht beide Namen kombinieren kann.

Scheu fragt sie in die Runde. Auch, welche Farbe das mal wird, interessiert sie brennend. Die Mehrheit ist für Schimmel. Die werden nämlich schwarz geboren. Ein paar Klugscheißer kommen mit merkwürdigen Farben an, von denen die Einhornreiterin noch nie gehört hat.

Das ist wirklich so: Früher kannte man maximal Schimmel und hatte Schecken im Fernsehen bei Winnetou. Hier in Deutschland gab's letztere auch nicht.

Heutzutage sind wir globaler, und das ist eigentlich auch ganz nett. Man hat die Rassenvielfalt plötzlich direkt vor der Tür. Wo man hinguckt, die unterschiedlichsten Pferde. All das, was man früher nur aus dem Pferderassenbuch kannte, sieht man schon morgens auf dem Weg zur Arbeit. Palominos, Schecken, Falben usw.

Sonderlack ist allerdings nicht eben billig. Wenn das Pferd nur eine gute Farbe hat, lassen sich gleich noch mal 1.000 Euro mehr aufschlagen, kein Thema. Obwohl man eigentlich sagt: Ein gutes Pferd hat keine Farbe.

Man ist trotzdem schwer out mit einem einfarbigen Pferd. Da kriegt man viel seltener Kommentare wie: »Oooh, dein Pferd ist ja wunderschön!«

Mittlerweile scheint es nur noch Pferde im Sonderlack zu geben. Vielleicht steigt auch nur der Drang, sich den ganzen Tag auf *Facebook* zu präsentieren, mit der Farbbesonderheit. Und wenn nicht, dann wenigstens mit der Rassebesonderheit.

Wenn das Pferd eigentlich keine Sonderfarbe hat, wird nämlich hysterisch in Pferdefarbforen und Gruppen nachgefragt.

»Ist das nicht doch vielleicht ein Buckskin?«

Nein, das ist *braun*!

Aber man muss das Pferd mit der Sonderfarbe doch irgendwie aufwerten können, wenn man nicht ständig hört, wie wunderschöööön das ist. Also, so geht das einfach nicht.

Es gibt auch zigtausend neue Begrifflichkeiten, die vorher gar nicht geläufig waren. »Glanzrappe« ist so ein Wort. Entweder war das Pferd früher ein Rappe oder ein Dunkelbrauner. In Anzeigen sind sie plötzlich alle Glanzrappen.

Und »Schimmel« ist auch so was, das nicht allgemeingültig ist. Nicht mehr. Schimmel haben tausend Untervariationen, und es werden über die Färbung blutige Fehden ausgetragen.

Das Einhorn wird hingegen direkt definiert, als Fliegenschimmel. Klingt super, muss also super sein. Nicht einfach nur Schimmel, das wäre zu gewöhnlich. Was das Fohlen jetzt wird, weiß natürlich keiner so recht. Die Einhornreiterin hätte sich eigentlich einen Rappschecken gewünscht. Sie dachte jedenfalls, dass so was dabei rauskommt, wenn die Stute Schimmel und der Hengst Rappe … pardon, Glanzrappe ist.

Dank Smartphone ist die Einhornreiterin bestens informiert – ihre Fanseite boomt. Im Sekundentakt kommen Gratulationen und Glückwünsche herein, sie weiß gar nicht, welche sie zuerst lesen soll.

Ach, ist das schön! Und das Einhorn zeigt sich relativ umgänglich, auch wenn es leicht panisch das Fohlen vor der Belagerung schützen will.

Die ersten Fans rätseln bereits herum: »White Pearl Of Silver Moon … Da muss doch was mit dem Namen zu machen sein. Dark Pearl?«

Ja, Dark Pearl ist doch gar nicht so verkehrt, das findet die Einhornreiterin auch. Aber der Rest soll nicht gleich sein. Dark Pearl of Dark Moon geht auch nicht. Black Pearl of Dark Moon? Ach, ne, das erinnert sie zu sehr an Johnny Depp und *Fluch der Karibik*. Das ist nicht so das ihre, sie mag Brad Pitt lieber.

»Dark Pearl of Shadow Sun!«, ergänzt die Nadine plötzlich das Ratespiel, und die Einhornreiterin ist glückselig! Das ist der Name! Dark Pearl of Shadow Sun! Wenn das nicht mal genial ist!

Schnell besorgt sie sich einen Edding und ergänzt das Boxenschild des Einhorns um den Fohlennamen. Den muss man sich mal auf der Zunge zergehen lassen! Wenn das nicht der nächste Turnierkracher wird – egal in welcher Disziplin. Der Einhornreiterin steht der Turniersport jetzt wieder offen, wenn sie in die süßen Augen ihres kleinen Fohlens guckt. Ach, wenn ihr Mann das sieht, dann ist der garantiert auch hin und weg und sagt bestimmt, dass sie Dark Pearl of Shadow Sun behalten darf. Auch wenn das kein Einhorn ist.

KAPITEL 32:
ULTIMATUM FÜRS EINHORN

Als das Einhornbaby ohne Horn langsam heranwächst, denkt die Einhornreiterin auch wieder übers Reiten nach. Immerhin ist das Fohlen jetzt schon ein paar Wochen alt, da kann sie ja wohl langsam mal wieder was von ihrer Stute verlangen. Das Kleine kann ja in der Box warten, während sie die Mama reitet. Oder auf der Weide bei seinem neuen Freund. Eine von den Zuchtstuten vom Bernhard hat nämlich auch gerade gefohlt. Ein hübscher kleiner Hengst, aber natürlich nicht so wunderschön und toll wie Dark Pearl of Shadow Sun.

Als die Einhornreiterin ihre Idee vorträgt, ist die Nadine hellauf begeistert. Irgendwer muss doch mit ihr ausreiten gehen, der Frühling steht nämlich voll in den Startlöchern.

Eine Einstellerin, die neben Einhorn und Nachwuchs wohnt, ist aber ziemlich aufdringlich, die mischt sich ein: »Ihr könnt doch nicht einfach das Fohlen da lassen, in dem Alter. Du kannst ein bisschen Schritt mit der reiten, in der Halle. Das ist aber auch alles. Das Fohlen muss da dabei sein. Das kann man noch nicht einfach allein lassen.«

Ach, die wieder. Die hat sich letztens schon eingemischt, als das Fohlen Durchfall hatte und die Einhornreiterin mal wieder nicht im Stall war. Da hat die auch schon angerufen und rumgeschimpft.

Dass man aber auch nie seine Ruhe hat. Die wird bestimmt überall herumerzählen, wie doof die Einhornreiterin ist, wenn sie ihrem Tipp nicht nachkommt. Dann lästern wieder alle, und der Bernhard sagt auch wieder fiese Sachen über sie. Darauf hat sie keine Lust. Sie geht lieber mit der Nadine ins Reiterstübchen, um einen Milchkaffee zu trinken.

Toll. Jetzt kann sie also nicht reiten, weil die im Stall alle so komisch drauf sind und meinen, ihr vorschreiben zu können, wann sie zu reiten hat.

Wahrscheinlich wollen die ihr auch alle dazwischen reden, wenn sie ihr Einhornbaby anreitet. Bevor das Baby alt genug ist, wechselt sie auf jeden Fall den Stall, dass das klar ist.

Mit der Nadine spricht sie auch darüber, und die stößt ins selbe Horn.

»Die haben ja alle kein Fohlen, hatten auch noch nie eins, aber wissen immer alles besser.«

Seufzend trinkt unsere Einhornreiterin ihren Milchkaffee und guckt in die Halle, wo sie alle reiten. Auch die doofe Nachbarin von ihrem Einhorn, die sitzt auf ihrem gestriegelten Quarter und übt Spins. Toll … echt. Das ist doch unfair.

Vergessen ist, dass sie ja eigentlich gar nicht mehr reiten wollte und das Einhorn auch am liebsten losgeworden wäre.

Allerdings nur bis zum nächsten Tag, denn da ist das Einhorn richtig biestig, als sie es zum Putzen mit Fohlen reinholen will. White Pearl Of Silver Moon beißt und steigt sogar, als sie das Fohlen anfassen möchte.

Und dann kommt es zuhause auch noch zum Eklat. Ihr Mann wartet bereits auf sie, als sie nach Hause kommt. Mit ernster Miene.

»Hör mal, du hattest mir versprochen, dass das Fohlen verkauft wird. Wann machst du das denn?«

Da fällt ihr natürlich gewieft eine Ausrede ein. »Das ist ja noch nicht mal abgesetzt, das kann man noch nicht verkaufen.«

»Na, aber einen Käufer kann man sich jetzt schon suchen.«

Ja, das geht bestimmt. Als sie auf Pferdesuche war, hat sie auch viele Fohlen gesehen, die noch bei ihrer Mutter standen.

»Ich möchte Dark Pearl of Shadow Sun aber gar nicht verkaufen.« So, jetzt hat sie es gesagt, die Katze ist aus dem Sack.

»Das hast du mir aber versprochen«, hält der gefühllose Mann dagegen. »Es geht nicht, dass wir zwei Pferde haben. Du hast kaum noch Zeit, seitdem das Fohlen da ist. Und zwei Pferde sind auch wirklich teuer. Das Fohlen war jetzt schon sehr teuer mit all den Untersuchungen. Und ständig wechselst du den Stall. Das kostet auch zusätzliches Geld.«

»Ich möchte das Fohlen aber nicht verkaufen. Ich will es behalten.«

»Ja, dann muss das Einhorn eben weg. Ich möchte keine zwei Pferde. Das können wir uns auch gar nicht leisten.«

»Doch, bestimmt, wenn ich mehr arbeiten gehe …«

»Dann bist du auf der Arbeit und hast gar nichts von den zwei Pferden. Und ich habe auch keine Lust, ständig auf Emma aufzupassen, nur weil du im Stall bist. Wann war ich das letzte Mal weg, und du hast auf das Kind aufgepasst?«

Daran kann die Einhornreiterin sich nicht erinnern. War aber bestimmt letztens erst. Noch gar nicht so lange her!

»Du schimpfst sowieso nur noch über den Stall. Ich hab dich noch nie so schlecht gelaunt gesehen. Du warst so happy, als das Fohlen da war, und jetzt ist schon wieder alles scheiße. Und davor auch. Das geht so nicht mehr. Ich schlage vor, du schläfst mal drüber und sagst mir morgen, welches du behalten wirst. Es war so abgemacht.«

Die Einhornreiterin weiß, dass ihr Mann das sehr ernst meint. Und dann fällt ihr auch wieder ein, wie das Einhorn sich heute benommen hat. White Pearl Of Silver Moon ist ein Arschlocheinhorn geworden, das muss sie sich eingestehen.

Bei der Schaninn damals war noch alles gut. Sie guckt sich mit tränenverhangenen Augen noch einmal die tollen Bilder vom Shooting mit Schaninn an. Da hat sie noch echte Freiheit und Freude gespürt. Und jetzt? Jetzt ist das Einhorn undankbar, anstrengend und blöd. Wie das Arschlochpferd von der Bettina, das ist auch so doof gewesen.

Das Fohlen hingegen ist süß, niedlich und voll lieb. Und das braucht man ja auch noch gar nicht jeden Tag zu bespaßen. Dann hätte die Einhornreiterin auch wieder mehr Zeit. Es fehlt ihr schon, mit Freundinnen mal shoppen zu gehen oder mit ihrer Tochter auf den Spielplatz, um mit den anderen Muttis mal eine Runde zu quatschen.

Es ist schwer, sich das einzugestehen, doch die Einhornreiterin erkennt: Sie möchte das Einhorn nicht mehr. Das Wunschpferd hat sich zum gemeinen Meuchelmörder gemausert, das nur darauf lauert, sie endlich um die Ecke zu bringen. Es buckelt, steigt, ist widersetzlich, obwohl sie ihm immer nur das Beste vom Besten kauft und sich sooo viel Zeit für das Tier nimmt. Also, jetzt nicht immer, aber meistens …

Andere Pferde sind viel dankbarer als das Einhorn. Das sieht sie vor allem, wenn sie auf die *Facebook*-Seiten von anderen Reiter/Pferd-Paarungen schaut. Da ist immer von Vertrauen und Hingabe die Rede. Das hat das Einhorn aber gehörig vermasselt.

Und wenn sich so ein süßes Fohlen anschmiegt … dann ist das doch viel mehr wert! Was soll's, dann ist sie halt nicht die welteinzige Einhornreiterin! Dann ist das jetzt eben jemand anders. Ist ja auch nur ein Pferd. Mit Horn.

»Ja, dann verkaufen wir das Einhorn«, sagt sie leise. Fühlt sich trotzdem nicht ganz richtig an. Aber wenn sie eine Nacht drüber geschlafen hat, dann wird das bestimmt besser. Und die Bisswunde an ihrem Arm trägt auch dazu bei, sich besser zu fühlen. Das Einhorn hätte sie echt nicht beißen dürfen.

Sie wirft den Fotos von White Pearl of Silver Moon einen letzten bösen Blick zu (und auch ihrem Mann – der trägt ja die Schuld an der Misere, der zwingt sie ja, sich zu entscheiden) und sagt: »Dann schreib eine Anzeige, und dann verkaufen wir sie. Aber ich muss wissen, dass es ihr da gut geht.«

Ihr Mann ist zufrieden. »Ach, das kriegen wir bestimmt hin. Das Einhorn ist doch berühmt. Da reißen sich sicher die Fans drum.«

Richtig – die Fans. Die haben ein Recht zu wissen, dass sie White Pearl of Silver Moon verkauft. Vielleicht kann sie dadurch ja auch ein paar Euro mehr rausschlagen und sich etwas Nettes davon kaufen. Welche Schibbi-Schabbi wohl zu Dark Pearl of Shadow Sun passt? Bestimmt gibt es da was Gutes in der Frühjahrskollektion. Muss sie gleich nachher mal zum Reitladen fahren und schon mal gucken. Das Internet ist bei so was nicht so gut, die Farbe erkennt man am besten im Laden.

Sie seufzt theatralisch und setzt ihren Post ab: Das Einhorn wird verkauft. Das Fohlen wird behalten. Details folgen in Kürze, und sie möchte keine Spekulationen darüber hören – was natürlich Spekulationen auslöst. Clever, Frau Einhorn ohne Einhorn.

Kapitel 33:
Einhornverkauf

Wir wissen alle, dass Pferdekauf schwer ist. Pferdeverkauf ist aber noch schwieriger, denn was da für Freaks antanzen, das ist manchmal nicht mehr feierlich. Und ja, manchmal bieten die sogar Kamele an.

Pferde im Internet anzubieten ist eine Sache, die einer genauen Formulierung bedarf, welche am Ende sowieso kein Schwein liest. Schreibt mal rein, dass das Tier gerne Kopfstand macht – das hat am Ende kein Mensch gelesen.

Oder packt am besten alle nötigen Informationen wie Alter, Geschlecht, Farbe und Ausbildungsstand in den ersten Satz. Und dann wartet ab, wie viele Leute anrufen und fragen werden: »Wie alt ist das Pferd?« Seid versichert: Es sind immer noch genug.

Steht etwas weiter unten im Text, leben die Käufer ganz nach dem Motto: »Too long, didn't read – LOL!« Und nerven einen dann per *WhatsApp* mit Fragen, die sie bei korrektem Lesen schon lange beantwortet bekommen hätten.

Schreibt man dazu, dass man erst ab 18 Uhr anrufen soll, dann rufen auch morgens um 5 irgendwelche Vollhonks an. Soll der Kontakt nur per *WhatsApp* erfolgen, klingelt dennoch ständig das Telefon. Und der potenzielle Käufer ist eingeschnappt, wenn der Verkäufer langsam genervt ist.

Termine machen, das ist wieder so eine Sache, die nur die Hartgesottenen durchziehen. Wir erinnern uns: In der heutigen Zeit sind Absagen uncool und werden nur sehr selten erteilt. Soll der Verkäufer sich doch ruhig den Arsch abwarten, das geht schon klar.

Wird probegeritten, dann können die Käufer immer alles, ähnlich wie die Reitbeteiligungen, haben aber ständig Probleme mit den kleinsten Dingen. Aber das macht ja nichts, daran wollen sie wachsen. Das geht schon in Ordnung.

Dann wird erst mal überlegt. Und in zwanzig *Facebook*-Gruppen gepostet. Passt das Pferd auch zu meinen Schibbi-Schabbis? Oder zu meiner Unterhose? Und: Ist das nicht viel zu teuer? Die wollen einen doch garantiert über den Tisch ziehen! Preisnachlass wird auch für gesunde Pferde gefordert – weil es davon ja so viele gibt. Oder weil die Farbe nicht schön ist.

Die Gruppenposts dienen auch noch einem anderen Zweck. Kennt das Pferd vielleicht schon jemand? Bescheißt uns der blöde Verkäufer etwa? Bestimmt, oder?

Und da melden sich auch schon die ersten: »So ein ähnliches Pferd hab ich schon mal gesehen!« Hui!

Beim Einhorn erübrigt sich das übrigens. Das kennen viele Leute, und es ist ganz einfach zu finden. Da brauchen die Interessenten nicht mal von ihren Smartphones aufzusehen, um alle Details zu kennen.

Wenn man so ein Interessent ist, hat man hat die Kohle natürlich grundsätzlich nicht am Stück bei der Hand. Geht auch ein Ratenkauf bei 1.000 Euro Verkaufspreis? Logisch, das geht doch immer! Nicht? Arschlöcher, alle miteinander.

Tauschen ist aber auch sehr beliebt. Wir erinnern uns.

»Tausche Mini-Shetty – 100 Jahre alt – gegen schönen Dressurkracher mit Papier.«

Natürlich nicht älter als 4 Jahre. Aber angeritten und bitte schon auf dem Turnier vorgestellt.

Oder man tauscht eben gegen ein Kamel. Oder ein Auto! Der Kreativität bei Tauschanfragen sind keine Grenzen gesetzt.

Entscheiden sich die Käufer dann letzten Endes doch gegen das Pferd (und teilen das nicht nur mit durch: »Ich melde mich nie wieder, egal wie oft mein Telefon klingelt«), hört man dann oft ganz kuriose Gründe.

»Das Pferd entspricht nicht meinen dressurlichen Wünschen.« – Denn sie selbst ist schon mit Geradeausreiten überfordert.

»Das Pferd ist Sternzeichen Zwilling. Und die vertragen sich nicht mit meinem Sternzeichen.« – Ohne Worte.

Das alles und noch viel mehr muss die Einhornreiterin feststellen, als sie ihr Einhorn für sagenhafte 7.000 Euro inseriert. Der Preis ist natürlich verhandelbar, aber unter 6.000 Euro sollte er nicht gehen. Sie hat doch so viel Zeit und Liebe in das Einhorn gesteckt, da möchte sie wenigstens noch etwas dafür wiederhaben. Wenn sie White Pearl of Silver Moon schon nicht zurückkriegt, dann muss ein finanzieller Trost her.

Tatsächlich wollen recht viele Leute für das Einhorn vorsprechen. Denn es ist ja berühmt, so als einziges Einhorn Deutschlands.

Sandra ist erstaunlicherweise zunächst sehr verständnisvoll und freundlich, als sie davon erfährt, dass unsere Einhornreiterin bald nur noch eine Reiterin sein wird. Dann aber wirkt sie ziemlich beschäftigt und in Eile, als sie erfährt, dass das Fohlen bleibt. Gut, sie ist ja auch gerade erst aus Malle wieder da, da kann man schon mal in Hektik sein.

In Wahrheit ist Sandra drauf und dran, zu ihrer Freundin zu fahren und die mal kräftig zu schütteln. Ein Fohlen. Die! Oh Gott … Die hat doch noch nicht mal das Einhorn anständig geritten, wie soll das erst mit einem Jungpferd werden?

Als am nächsten Tag wieder zwei Probereiterinnen da sind, möchte plötzlich der Mann der Einhornreiterin mit in den Stall. Dem kommt es nämlich komisch vor, dass schon 12 Leute da waren, aber keiner als neuer Einhornbesitzer in Frage gekommen ist.

Das passt unserer Einhornreiterin zwar nicht, aber sie kann schlecht murren. Sie hat sich ja gegen die Interessenten entschieden.

Am Stall angekommen, sind auch beide Interessenten schon da. Ein junges Mädchen mit ihrer Mutter und eine ältere Dame, die mit Ökomantel und Dutt als Lehrerin an der Waldorf-Schule durchgehen könnte. Und wie die schon gurrt und schnurrt, als sie das Fohlen erblickt. So süß!

Findet die Einhornreiterin auch und klärt sogleich auf: »Die hatte jetzt natürlich Pause während des Fohlens. Aber wenn wir demnächst absetzen, steht da nichts im Wege, dann kann sie wieder antrainiert werden.« Das hat sie von Bernhard gehört, als er über seine Zuchtstuten gesprochen hat. Muss also richtig sein.

»Ist die denn im Umgang lieb?«, fragt die besorgte Mutter.

»Ja, und wie«, lügt die Einhornreiterin. Sie kann ja wohl kaum zugeben, dass das Einhorn ein Arschlocheinhorn ist.

Tatsächlich präsentiert es sich gegenüber dem jüngeren Mädchen, das sich als Jeanette vorgestellt hat, sehr umgänglich, lässt sich streicheln und beschmusen.

»Also, probereiten kann man nicht?«, fragt die Mutter.

»Nein, im Moment nicht. Das Fohlen ist ja noch da.«

»Aber da kann man doch mal in der Halle schauen, wenn da nichts los ist. Das kann ja mitlaufen.«

»Da saß jetzt aber schon länger keiner drauf.«

»Macht ja nichts. Ich reite seit dreißig Jahren, das reicht völlig.«

»Ja, also … wenn Sie möchten …«

Wohl ist der Einhornreiterin nicht, als Jeanettes Mutter mir nichts, dir nichts das Einhorn sattelt und trenst. Vor allem, als sie sofort losmeckert. »Ist das denn überhaupt ihr Sattel? Der passt ja hinten und vorn nicht.«

»Neee«, behauptet schnell die Einhornreiterin. »Aber für einmal reiten langt der ja.« Zum Glück sagt wenigstens ihr Mann nichts.

Das Fohlen wird aufgehalftert und der Einhornreiterin in die Hand gedrückt, die es hinterherführen soll. Und dann sitzt die Mutti auch schon oben. Das ging mal fix.

Und White Pearl of Silver Moon ist tatsächlich sehr ruhig, die geht artig bis zur Halle und wartet dort auf ihr Fohlen, das ein wenig hektisch hinter Mutti herwill. Hinter beiden Muttis.

Die Öko-Frau beteuert nun, dass sie auch gerne mal reiten möchte, wenn man jetzt eh schon den Sattel drauf hat.

»Was hat die denn am Kopf?«, fragt Jeanette die Einhornreiterin.

»Das ist ihr Horn.«

»Sieht aus wie eine Warze.«

»Nee, Warzen sind das am Maul.« So viel Unwissen. Die sind ja genauso schlimm wie die letzten Leute.

Es ist anstrengend, dem Einhorn mit dem zappeligen Fohlen zu folgen, denn White Pearl of Silver Moon schlägt unter der resoluten Mutti ein zügiges Tempo im Schritt an. Die scheint richtiggehend vor ihr weglaufen zu wollen.

»Und?«, fragt der Mann der Einhornreiterin die Mutti.

»Na, geht so. Die Lenkung ist ein bisschen kaputt. Nicht sehr rittig. Und tritt auch sehr kurz, da muss mal ein Osteopath drauf schauen. Kann aber auch an dem Schrottsattel liegen.«

Unsere Einhornreiterin kocht vor Zorn. Die weiß ja echt gar nichts über Einhörner.

Und sie redet immer noch weiter: »Und Eisen bräuchte die auch dringend, die geht total fühlig.«

Also, was soll das jetzt wieder sein? Nur Unsinn. »Die ging sonst aber immer gut«, wehrt sich die Einhornreiterin. Ist ja nicht zum Aushalten.

»Ist die denn immer barhuf gegangen?«, erkundigt sich die Waldorf-Frau.

»Ja, nur kurz mit Eisen. Aber ich finde, das ist Tierquälerei«, erklärt sich die Einhornreiterin. Irgendwer muss sie doch verstehen.

»Ja, da haben Sie recht«, nickt die Waldorf-Frau, und unsere Einhornreiterin atmet erleichtert auf. Wenigstens versteht sie irgendjemand. Auch wenn es eine komische Kräuterfrau aus Posemuckel ist, die schon am Telefon gesagt hat, dass sie auf Raten zahlen möchte.

Die Mutter von Jeanette ist fertig mit ihrer Proberunde und kommt auf die Einhornreiterin zu.

»Also prinzipiell ist die ja nett«, sagt sie und drückt der Waldorf-Frau die Zügel in die Hand. »Aber sie ist viel zu teuer. Die ist keine 2.000 Euro wert in dem Zustand. Keine Papiere, unbehandelte Warzen, dadurch vermutlich geschwächtes Immunsystem. Geht nicht klar, braucht dringend einen Osteopathen und kann aktuell ja nicht mal richtig geritten werden.«

Empört starrt die Einhornreiterin sie an. Was erlaubt sich diese unverschämte Frau nur? Wie kann sie so etwas behaupten?

Bevor sie antworten kann, reitet aber schon die Waldorf-Frau los. Das Fohlen strebt hinterher, und obwohl die Halle nicht voll ist, schimpfen schon einige Mitreiter, da sie mit fünf Mann den oberen Zirkel blockieren. Das muss jetzt etwas schneller gehen.

»Was sagst du, Jeanette?«, fragt die Mutter das Kind.

»Ich find die schön«, sagt das Mädchen schüchtern. »Sie ist doch ganz lieb eigentlich.«

Unsere Einhornreiterin hört den Rest des Gesprächs nicht mehr, denn sie muss mit dem Fohlen hinter White Pearl of Silver Moon herlaufen. Und die ist schon wieder im Arschlocheinhorn-Modus. Schnaubt, trötet, drängelt innen rein und hebt drohend ein Bein, wenn die Ökofrau mit dem Schenkel drankommt.

Die ist Tierkommunikatorin und weiß: »Der Geist des Einhorns ist getrübt. Da müsst ihr wirklich mehr nach Feng Shui arbeiten.«

»Nach Feng Shui?« Damit kennt sich die Einhornreiterin nicht aus. Ist das nicht dieser Kram für die Wohnung mit runden Ecken und eckigen Blättern?

»Wie macht man das denn am besten?«, fragt die Einhornreiterin neugierig. Sie ist ja Neuem gegenüber immer sehr aufgeschlossen, solange es nicht mit Wissenschaft zu tun hat.

Bevor allerdings die Ökofrau darauf antworten kann, sieht die Einhornreiterin aus dem Augenwinkel, dass die Mutter von Jeanette und ihr Mann sich die Hand geben. Was ist da denn los?

»He«, ruft sie und zerrt das Fohlen weg von White Pearl of Silver Moon. Was zur Folge hat, dass das Einhorn natürlich hinter ihrem Fohlen herrennt, einmal den Zirkel kreuzt, drei Schibbi-Schabbi-Trägerinnen beinahe ummäht, ohne dass die Waldorf-Frau etwas dagegen unternommen hätte, und dann endlich neben der Einhornreiterin zum Stehen kommt.

»Super, dann würde ich sagen, ich zahle einen Teil an und den Rest dann, wenn Sie das Fohlen absetzen.«

Was? Empört geht die Einhornreiterin dazwischen und faucht ihren Mann an: »Was ist hier gerade passiert?«

»Ich habe das Einhorn verkauft. Haben wir so abgemacht.«

»Ja, aber … du hast mich nicht gefragt!«

»Ja, schon, aber ich wollte dir endlich die Entscheidung abnehmen. Du machst damit schon seit Wochen herum, und nichts ist passiert.«

»Das ist so unfair.«

Nach einigen Diskussionen in der Hallenmitte verschwinden sowohl Jeanette und ihre Mutter als auch die Ökofrau, die ziemlich schimpft, weil man ihr das Einhorn vor der Nase weggekauft hat. Dann ist unsere Einhornreiterin mit White Pearl of Silver Moon, Fohlen und Mann allein.

»Ich wollte die nicht an diese Leute verkaufen. Und überhaupt, die wollten die doch gar nicht für das Geld.«

»Die haben ja auch gar nicht den vollen Preis bezahlt. Ich habe sie ihnen für 3.000 verkauft. Und da kannst du noch froh drüber sein. Die andere hätte das nie bezahlt. Die wollte auf Raten kaufen! Und alle haben mir gesagt, dass das Einhorn zu teuer ist.«

»Wer ist denn alle?«, schnaubt sie wütend. Was ist denn hier nur los?

»Na, alle! Ich habe mit Sandra gesprochen und mit Sandras Freundin, der Esther. Die reitet auch. Du kannst bei 3.000 Euro echt froh sein. Das ist mehr, als du gezahlt hast.«

»Aber sie ist viel mehr wert«, schnieft die Einhornreiterin theatralisch und sieht vor ihrem geistigen Auge all die schönen Schibbi-Schabbis davonziehen, die sie für das Fohlen hätte kaufen können. Nein, das darf nicht sein!

»Es ist wirklich das Beste, wenn es jetzt so aufhört. In einem Monat wird sie abgeholt, dann brauchst du dich auch nicht mehr so zu ärgern.«

»Ich mochte die Leute nicht!«, ruft die Einhornreiterin und stampft vor Zorn mit dem Fuß auf.

»Ja, weil sie mehr Ahnung haben als du.« Da, jetzt hat der Gatte seine Meinung gesagt. Eine Meinung, die schon ganz lange in ihm schlummerte und endlich mal ans Tageslicht musste.

Dafür darf er heute auf dem Sofa schlafen. Und auch morgen.

Zusatzkapitel:
Was aus allen Beteiligten geworden ist

White Pearl of Silver Moon ist heute ein nettes Kinderreitpferd für Jeanette und trägt sie sicher durch Nachwuchsprüfungen im Springen. Sie hat drei Schleifen geholt, und die Warzen sind weg – inklusive Horn, das nur eine besonders groß gewucherte Warze war. Sie hat Eisen, steht in einem Offenstall und fühlt sich wohl. Wenn sie mal ihre Arschlocheinhorn-Flashbacks bekommt, kann Jeanette das problemlos unterbinden.

Schaninns Trödelhandel boomt. Sie hat zwei Badewannen und eine Stehlampe verkauft. Ihr Haflinger hat sich selbst entsorgt, nachdem er an einer Kolik, verursacht durch das Fressen einer Briefmarkensammlung, die auf der Weide lag, eingegangen ist.

Sandra und ihr Nachwuchspferd nehmen fleißig Reitstunden, damit die Stute nächstes Jahr auf dem ersten Turnier vorgestellt werden kann.

Rebekka hat das Intermezzo mit der Einhornreiterin nicht vergessen und lehnt mittlerweile Einsteller ab, die ihr zu suspekt vorkommen.

Angie hat eine Reitbeteiligung auf dem klassisch ausgebildeten Friesen von Sandra. Wie süß!

Bettina und ihr Arschlochpferd haben viel Spaß auf Turnieren und sind mittlerweile ein ganzes Stück weitergekommen. Er bleibt jetzt bei der Grußaufstellung stehen.

Bernhard wartet noch heute vergeblich auf die Restmiete, die die Einhornreiterin ihm schuldet.

Die Nadine nimmt jede Pleasure-Prüfung mit und wird nie platziert. Aber Dabeisein ist alles!

Frau Elsenbach hat Hofverbot bei Rebekka, gibt jetzt aber Kurse bei der Schaninn auf dem neu angelegten Platz. Ihr Hengst hat noch ein Shetty, zwei Kaltblüter und einen Blumentopf gedeckt. Wir sind gespannt auf die nächsten Fohlen.

Dark Pearl of Shadow Sun wird jetzt schon mal longiert, damit unsere Einhornreiterin in zwei Jahren nicht mehr so viel Arbeit hat. Natürlich mit Ausbindern, denn das ist gesünder. Die Schibbi-Schabbi passt sehr gut. Sie steht jetzt in einem netten Offenstall an der Autobahn mit heruntergetretenen Zäunen und zwei Shettys, die als Ausbrecherkönige bekannt sind.

Unsere Einhornreiterin ist jetzt nur noch Reiterin – was nichts an ihrem Verhalten ändert. Sie träumt bereits vom *CHIO*, denn sie ist ziemlich neidisch darauf, dass sie mit dem Einhorn nicht gesprungen ist und Jeanette nun so viel Erfolg damit hat. Aber was die Mutter kann, wird das Fohlen ja wohl genauso können! Vererbungslehre, ihr Anfänger!

NACHWORT:
ARSCHLOCHPFERDE UND
SHOOTING MIT DEM ARSCHLOCHPFERD

Liebe Leser, ihr wisst jetzt sicher, woher die Arschlochpferde und Arschlocheinhörner dieser Welt kommen. Irgendwer, im festen Glauben, alles richtig zu machen, verhunzt diese Tiere und bringt ihnen nur Unsinn bei. Oder einfach gar nichts.

Die verlassen sich nicht auf Fachleute, sondern doktern selber herum, verlassen sich lieber auf *Facebook* und das Internet und all die tollen Reiter, die dort ungefiltert ihren Senf reinposten. Und die nächsten Besitzer haben das auszubaden. Manche sind auch charakterlich von Anfang an nicht einfach, mit denen wird es dann besonders kompliziert. Das heißt aber noch lange nicht, dass man aus seinem Arschlochpferd nichts mehr machen kann – nur Mut!

All das in diesem Buch Beschriebene ist leider gar nicht so weit hergeholt und zeigt uns vor allem eines: Es gibt keine pauschale Lösung. Denn alle Pferde sind Individuen, die man nicht mit einem All Inclusive-Programm abhandeln kann wie den nächsten Pauschalurlaub.

Sie handeln schließlich auch ganz individuell. Und es ist Aufgabe des Reiters, das zu erkennen.

Ich musste das beim Shooting mit meinem eigenen Arschlochpferd, das hier stellvertretend für all die schönen Bilder steht, die die Einhornreiterin in den Äther geschickt hat, auch mal wieder erkennen.

So fraß er zuverlässig die Liste mit den Shooting-Ideen statt des Buchs, das wir ihm vor die Nase hielten (keine Sorge, die konnte ich ihm zwar entreißen, aber Lesen war danach schwer), machte Blödsinn, wenn er es nicht sollte, und tat nichts, als er Unsinn machen durfte.

Aber was soll's – die Fotografin und ich waren am Ende doch happy. Und er auch, auch wenn er keinen Sinn für schöne Fotos hat. Mehr für Futter.

Hat er bekommen. Pferd zufrieden. Das ist das Wichtigste. Für alle Pferde.

Ende